마케터는 단순하게 **말한다**

마케팅, 광고, 홍보 커뮤니케이션이 쉬워지는
전달의 비결

마케터는
단순하게
말한다

최동휘 지음

서 사 원

프롤로그

무슨 말인지 모르겠어?

　마케팅이라는 말은 이제 식상할 만큼 흔해져서 어지간한 수식어가 붙지 않는 한 새로움을 찾기가 힘든 분야가 되었다. 큰 돈 들여 하는 기업의 마케팅보다 대중의 정서를 건드린 마음을 통한 마케팅이 훨씬 더 큰 효과를 발휘하기도 하고, 십수 년 전 묻혀 있던 콘텐츠들이 '탑골'이라는 이름을 타고 다시 부각, 정교하게 기획된 것보다 훨씬 큰 마케팅 효과를 내기도 한다.

　때로는 전광판에 수백, 수천을 들여 몇 날 며칠 동안 공들여 만든 광고들을 내보내는 것보다 SNS에 올라온 사진 한 장, 글 한 줄이 훨씬 더 큰 반향을 일으킬 때도 있다. 결국 요즘 시대의 마케팅이란 잘 만든 기획, 어마어마

한 자금력, 물량 공세가 아닌 대중에게 어떻게 무언가를 잘 '전달'하느냐의 방식이 되었다. 이는 1인 크리에이터, SNS를 통한 인플루언서들이 나타나면서 더 두드러졌다. '나 자신'이 일종의 주식회사처럼 브랜드를 갖게 된 것이다. 내가 가진 것들을 콘텐츠화하여 이를 전달하는 것이 곧 상품이 되고 경쟁력이 되었다. 반면 이를 제대로 표현하고 전달하지 못하면 상대적으로 경쟁력을 잃게 되는 데까지 이르렀다. 결국 '전달력'이 시작이고 끝이며 답이자 해결법인 셈이다.

그런데 생각보다 이 '전달'을 제대로 하고 있는 사람이 드물다. 숨 쉬기처럼 자연스레 아기 때부터 습득해온 것이기는 하지만 그래서 정말 '제대로' 배울 기회를 잡지 못한 까닭이다. 갓 태어난 아이가 울음으로 자신의 모든 감정을 뭉쳐서 전달하다 점점 커가면서 다양한 표현과 사회적 기호를 익혀 조금 더 구체적으로 쪼개진 욕구를 전달하게 되는 것처럼 사회에서 필요로 하는 전달력은 분명 따로 있다.

만약 사회적 관계 맺기 없이 그냥 살아갈 수 있다면 사실 당신의 전달력이 아기 정도 수준에 머물러도 크게 불편할 일은 없을지도 모른다. 하지만 우리는 사회에 속해 있고 그 안에서 수많은 경우의 수를 마주하며 살아가게 된다. 그리고 다양한 사회적 갑옷과 무기를 잘 갖춘다 해도 이를 적재적소에서 제대로 남에게 '전달'하지 못하면 내가 가진 재주들은 무용지물이 되어버린다.

그렇다면 제대로 전달한다는 것은 무엇일까. 우리나라에서 이름만 들어도 알 수 있는 기업 10군데에서 모두 내가 '나'를 전달한 것을 받아들이는 것을 수년에 걸쳐 경험하면서 '나를 전달한다는 것' 혹은 '내 의견을 전달한다는 것' '내 성과를 전달한다는 것'에 대해 고민하고 관심을 기울이기 시작했다. 그리고 왜 다른 사람들은 이 부분에 대해 어렵게 생각할까를 함께 고민했다.

과연 우리는 잘 전달하고 있는가? 이 책은 그 질문에서부터 시작되었다. 만약 내가 무언가를 열심히, 최선을 다해서 설명했는데 돌아오는 대답이 '무슨 말인지 모르겠어.'랄지 '그래서 하고 싶은 말이 뭔데?'라는 경험을 해본 적이 있다면 당신은 스스로의 전달력에 대해 한 번 고민을 해봐야 할지도 모른다.

다행히도 전달력은 선천적으로 타고 나는 사람도 있지만 후천적으로도 획득할 수 있는 몇 안 되는 힘이다. 나를 위한 가장 빠르고 효과적인 무기인 전달력을 한 번 획득해보는 것은 어떨까.

차례

프롤로그 5

Part 1

🔸 너무나도 다양한 전달의 방식 ☕

Part 2

스스로에게 전달하는 방법

Part 3

아는 사람에게 전달하는 방법

Part 4

모르는 사람에게 전달하는 방법

너무나도 다양한
전달의 방식

전달의 정의

전달.

우리는 매 순간 전달을 하지 않는 시간이 없다. 무언가를 읽을 때, 누군가를 만날 때 오감과 뇌에서는 끊임없이 정보를 전달하며 움직인다.

그렇다면 전달의 목적은 무엇일까. 전달의 목적을 알기 위해서는 먼저 전달이 무엇인지, 사전적인 의미는 어떤 것인지를 알아야 한다. 전달의 사전적 의미는 이렇다.

자극, 신호가 다른 기관에 전해지는 것

지시, 명령, 물품 같은 것을 다른 사람 혹은 기관에 전하여 이르게 하는 것

신호를 전송하여 의미를 전하는 것

한 마디로 '무언가를 옮겨 전하는 것'이 전달의 의미인 것이다. 물론 비슷한 의미를 가진 다른 단어도 있다. 바로 '이동'이다.

하지만 전달과 다르게 이동은 위치의 변화를 내포하고 있는 단어이다. 전달이 그 속성을 그대로 유지한 채 전해지는 것을 의미하는 반면, 이동은 한 곳에서 다른 곳으로 움직이되 그 위치가 바뀌는 것을 뜻한다.

스토리텔러들이 말하는 스토리텔링의 궁극적인 목적도 전달이다. 다만 이때는 전달 앞에 몇 개의 사전 장치가 준비되어야 한다. 제일 먼저는 정보가 주어져야 하고, 그 정보에 동의를 해야 하며 동의한 것에 대해 마음이 움직여야 최종적으로 전달이라는 행위가 이뤄진다.

예를 들면 이렇다.

어떤 사람이 무심히 SNS를 보다가 문득 눈에 들어오는 제품 사진을 한 장 발견했다. 사진 위에는 제품에 대한 간단한 카피라이팅이 써 있었는데 그게 마침 그 사람의 흥미를 끌었다.

그는 곧 그 위에 있던 자세히 보기를 눌러 정보를 살

피기 시작했는데 덕분에 제품 사진을 발견한 지 5분 만에 이걸 만든 사람이 수년간 어떤 고생을 했는지, 어떤 성분으로 만들었는지, 어떻게 만들고 왜 만들었는지까지 알게 되었다.

그리고 가장 아래에 있는 구매하기 버튼. 그 앞에서 잠시 손가락을 머뭇거리던 사람은 과감하게 꾹 구매하기를 누른다.

이 일련의 과정에서 그 사람은 수많은 전달 과정을 거쳤다. 먼저 SNS에서 그의 눈으로 이미지를 전달했고, 전달받은 즉시 뇌에서는 이 이미지를 보고 다음 과정으로 넘어갈 것인지 아니면 그냥 스쳐 지나갈 것인지를 고민했으며, 결국 다음 과정으로 넘어갈 것을 손가락으로 전달했다.

그가 받아들인 정보는 머릿속의 지식과 마음의 감동을 함께 건드려서 결국 구매라는 행동까지 이어지게 한 것인데 SNS에 물건을 올린 판매자로서는 이 과정까지 이끈 것만으로도 이미 전달에 성공한 것이라고 볼 수 있다. 이쯤에서 다시 한 번 전달의 정의를 꼼꼼히 살펴보자.

자극, 신호가 다른 기관에 전해지는 것

지시, 명령, 물품 같은 것을 다른 사람 혹은 기관에 전하여 이르게 하는 것

신호를 전송하여 의미를 전하는 것

이번에는 한 단어 한 단어 천천히 읽어보자. 그 안에 내포된 의미를 담백하게 찾아가 보면 결국 전달에서 가장 중요한 요소를 찾게 된다. 바로 '전하다'라는 것이다.

여기서 바로 '어라? 같은 말이잖아.'라는 의문을 가졌다면 이미 당신은 전달의 의미를 제대로 파악하고 있는 것이다. 왜냐하면 전달이란 앞뒤에 붙는 장식적 요소 없이 정말 똑같이 전하는 것을 의미하기 때문이다. 위의 정의를 살펴보면 무언가 변하는 것에 대한 이야기는 아무 곳에도 없다. 전달은 말 그대로 전하는 것일 뿐 변화를 꾀하는 것이 아니다.

그런데 이러한 전달의 본질을 잊은 채 더하고 꾸미고 변형해서 옮기는 것을 제대로 전달하는 것이라 생각하는 경우가 종종 있다. 그리고 이걸 아이러니하게도 커뮤니케

이션 스킬이라고 한다.

물론 좀 더 쉽게 받아들이게끔 하기 위해 다양한 방법론을 쓸 수는 있다. 하지만 이 경우에도 절대 잊어서는 안되는 것이 전달의 가장 기본적인 성격이다.

어려운 이론을 전달하기 위해 쉬운 만화로 풀어내거나 공식으로 한 눈에 보여주는 건 가능하지만 그 이론의 앞뒤를 뚝 잘라내고 재조립해서 전하지는 않는다. 하지만 상당히 많은 사람들이 후자의 경우도 전달이라고 착각하곤 한다.

제대로 내 말과 의견, 생각이 전달되지 않는 사람이라면 혹 내가 후자에 속한 건 아닐까 한 번 생각해봐야 한다. 제대로 전달하는 것은 있는 그대로를 옮기는 것이다. 가장 중요한 전달의 힘은 결국 그 정의 안에 있는 셈이다.

전달의 방법_과거 편

있는 그대로 전달하는 것의 중요성은 역사 속에서도 찾아볼 수 있다.

자, 전달과 역사를 얘기하기 전에 먼저 전달에 대한 정의는 한 번 살펴보았으니 이제 역사에 대한 정의를 한 번 살펴보자. 에드워드 카는 자신의 저서 《역사란 무엇인가》 안에서 역사를 이렇게 정의했다.

"역사는 역사가와 사실 사이에서 일어나는 상호작용의 계속적인 과정이며, 현재와 과거 사이의 끊임없는 대화다."

역사는 과거에 존재했던 그 자체를 의미하기도 하고

기록이나 흔적으로 알 수 있는 것을 의미하기도 한다. 또는 이 둘을 통해 역사가가 재구성한 탐구 결과물일 수도 있다. 그런데 여기서 한 가지 주의 깊게 들여다봐야 하는 점은 역사가 멈춰져 있는 한 순간을 사진처럼 찍은 것이 아니라는 점이다. 시간의 흐름 속에서 한 사건의 앞뒤 연속성을 함께 살펴봐야 하는 것이 역사이다.

즉, 우리에게 지금 남아 있는 것은 돌도끼 한 조각일지라도 이 돌도끼가 어디서 왜 쓰였으며 이 자리에 놓인 이유는 무엇이며, 이후에는 어떤 기구로 발전의 영향을 주었는지까지 함께 고민하는 것이다. 한마디로 무엇을 어떻게 얼마나 전달했기에 그 전달한 것이 시간을 통해 발전하면서 지금까지 왔는지를 고찰하는 것이 역사인 셈이다.

지금이야 여러 매체도 존재하고 기록의 방식도 다양해져서 보다 정확하게 전달할 수 있는 환경 여건이 많이 만들어졌지만 과거에는 그렇지 못했다.

그래서 과거에 전달(실제적이건 주술적이건 혹은 감정적이건)을 위해 만들었던 수많은 것들은 현재까지 제대로 전달이 이루어지지 않아 당시에 지녔던 의미를 파악하기 어려운 것들이 많다. 동굴 벽화라든가 갑골문 등이 그 예가 될 수 있다. 분명 뭔가 전하고자 했지만 영속성을 갖지 못해 전달에 실패한 것이다.

오히려 구전으로 이어져 내려온 것은 그 생명력이 좀 더 길었다. 물론 입에서 입으로 전달되다 보니 앞서 말한 전달의 정의에 부합하게 '그대로 전하는 것'은 불가능했다. 현재 남아 있는 동화나 구전가요들이 지역마다 세대마다 수십 수백 수천 개의 버전을 가지고 있는 게 이런 까닭이다. 사실을 고스란히 전달하는 데는 실패했지만 안에 담긴 분위기나 시대상을 일부 전달하는 부분에서 의의를 찾을 수 있다.

나름대로 그 문화에서는 전달력을 갖췄지만 정확도가 떨어지고 문명이 사라지면서 미스터리하게 남은 전달 매체들도 있다. 페루에서 발견되는 '키푸'가 그것이다.

키푸는 잉카제국 및 안데스 지역에서 쓰였던 매듭 형태의 문자이다. 결승 문자인 키푸의 경우 색깔과 염색의 위치 등으로 정보를 전달하는 데 쓰였는데 4천 년이 넘는 동안 사용된 전달 도구였다.

높은 계급의 관리들이 키푸를 통해 지시를 전달하기도 하고 각 지역에 주둔한 공무원들은 키푸를 통해 인구나 자원 등의 정보를 보고하기도 했다. 키푸에 따라 문자 정보를 전달하기 위한 것도 있고, 숫자 정보를 전달하기 위한 것도 있었다고 하는데, 이 역시 현재로서는 정확하지 않다. 물론 2005년에 하버드대학교에서 컴퓨터로 키푸를 분석했던 것을 시작으로 많은 정보가 풀리기는 했지만 지금까지 전달된 방식이 아니기 때문에 완벽한 해독은 어렵다고 볼 수 있다.

제대로 된 문자 역시 쉽지 않은 것은 마찬가지인데 사멸되는 문자의 경우 후세에 전달되지 못하면 그 의미 역시 제대로 전달될 수가 없다. 특히 문자의 경우는 전달의 역사에서 가장 중요한 획을 긋는 장치인데 문자를 통해 인류의 전달력이 놀라울 만큼 높아졌기 때문이다.

전달의 방법_꽤 근래까지

앞에서도 잠깐 말했던 것처럼 문자를 통한 전달력을 갖춘 후부터 인류의 전달력은 다른 차원의 힘을 갖게 되었다. 문자는 문화를 공유한 사람들끼리의 약속 체계이다. 언어가 존재하고 이를 정확하게 전달하기 위해 기록을 하면서 필수적으로 발생한 것인데, 이 때문에 문자는 최초로 사용된 '온전한' 전달 도구이자 가장 오랜 시간이 존재한 것이기도 하다.

물론 문자 역시 긴 세월을 거쳐 가며 나름의 흥망성쇠를 겪어왔다. 옛날에는 쓰였지만 지금은 쓰이지 않는 문자들이 그렇고 단어들 역시 생성과 소멸을 반복한다. 이 과정에서 분명 유실되는 전달 체계들이 있었을지는 모르지만 그나마 문자를 통해서 사람들은 가장 많은 전달을 이루곤 했다.

좁은 의미에서의 문자는 그냥 기호이다. 사람이 입으로 발음할 수 있는 것을 고스란히 담아낸 기호가 문자인데 넓게는 감정이나 상징, 혹은 이미지를 떠올릴 수 있는 각종 부호와 마크까지도 문자의 영역에 속한다.

이렇게 문자가 다양한 범위를 아우르게 된 것도 역시나 전달 때문이었다. 사람이 하는 말, 즉 음성언어는 보존력이 없다. 전달에 있어서 가장 큰 핵심은 '그대로 전하다'인데 보존력이 0인 음성언어는 이 부분에 대해서는 영향력이 없는 셈이다.

그래서 사람들은 자꾸 옛날이야기, 설화, 전설, 구전동화 등을 만들어냈을지도 모르겠다. 뭔가 가치를 전달은 하고 싶은데 이를 전달할 방법이 없으니 적어도 주제를 담은 이야기라도 만들어 마음만이라도 전해야겠다고 생각한 게 아닐까.

그리고 사람들이 생각하는 가치라는 것은 어느 문화권이나 엇비슷한 부분이 있어서 각각의 문화권에서 오랜 시간 이어져 내려오는 고전 이야기를 보면 꽤 겹치는 요소들이 많이 보인다.

아픈 어머니를 살리기 위해 죽음의 나라로 가서 물을 길어오는 유럽 지역 소년의 이야기는 우리나라의 바리데기 설화와 비슷한 맥락을 가지고, 형제의 등쌀에 괴롭힘을 당하는 막둥이의 이야기는 성경의 요셉 이야기에서부터 〈바보 이반〉, 〈흥부 놀부〉에 이르기까지 같은 구조를 지니고 있다.

이는 부모님에게 효도를 해야 한다거나 형제끼리 사이 좋게 지내야 한다는 것을 전달하고 싶은데 딱히 전달할 수 있는 도구가 없던 시절, '가치를 기억'하는 것이라도 '전달'하고 싶어서 이야기에 담은 것이다.

사람이 행동을 하기 전에는 반드시 정보가 들어가고 이를 기억한 후 전달하고자 하는 의지가 발현, 실행에 옮기기 때문이다. 이후 문자가 생긴 후에는 이런 이야기들이 활자를 통해 기록이 되었고 시대와 지역에 따라 조금씩 결은 다르게 가져갔을지언정 하나의 통일된 스토리를 지닌 채 전달되어 왔다. 문자로 인해 시공간의 제약, 보존의 제약을 극복한 셈이다.

아주 오래전의 문자는 앞에서 잠깐 얘기했던 것처럼 동물의 뼈에 새긴 갑골문자나 잉카의 키푸처럼 매듭을 사용했다. 동굴 등에 그림을 그려 보다 이미지화되어 정확하게 전달할 수 있는 수단을 찾기도 했지만 갑골, 매듭, 그림 등의 문자는 전달을 시도했다는 점이 인정되어 넓은 범위로는 문자에 들어갈 수 있지만 조금만 그 시대와 지역을 벗어나면 전달력은 역시나 0에 가까운 한계를 가지고 있었다.

하지만 문명이 발달하고 이에 해당하는 문자가 체계화되면서 사람들은 문자를 활용해서 오래, 길게 갖고 있는 정보들을 전달하는 방법을 고안해냈다. 우리가 지금 알고 있는 책의 형태가 만들어지기 시작한 것이 이 시기이다.

종이나 나무 판에 언어를 새겨 전달하기도 했고 때로는 그게 돌이 되기도 했다. 로제타 스톤은 나폴레옹이 이집트에 원정을 갔을 때 발견한 돌인데 그리스어, 콥트어, 이집트 상형문자가 차례대로 새겨져 있었다. 세 개의 언어로 하나의 사실을 전달하고 있다는데 착안한 장 프랑수아 샹폴리옹(Jean Francois Champolion, 프랑스의 이

집트어 학자)과 토머스 영(Thomas Young, 영국의 의사·
물리학자·고고학자)이라는 사람은 이미 알고 있는 문자
를 미지의 문자였던 상형문자와 대입하면서 결국 상형문
자를 해독해냈는데 이 성과로 그동안 알지 못했던 다양
한 문자들을 해독, 이집트인들이 어떤 기록을 남겼는지
후세에 전달할 수 있었다.

유럽 역사의 큰 벽을 허물었던 루터의 종교개혁 역시
활자를 통한 제대로 된 전달이 없었으면 불가능했을 것
이다. 구텐베르크가 발명한 금속 활판 인쇄기는 수많은
종교개혁에 대한 글을 생산해서 배포했고 그 전까지만
해도 성직자들만 읽을 수 있었던 성서를 모두가 볼 수 있
는 기회를 주었다.

성직자들이 독점, 제대로 내용을 전달하지 않고 본인
들에게 편하고 유리한 것만 왜곡해서 전달하던 것이 불
가능해진 순간, 개혁이 오고 혁신이 이뤄졌던 것이다. 제
대로 전달하기 시작하자 근대가 태어났다고 해도 과언이
아닌 것이, 종교개혁 이후 계몽주의가 발생하면서 인류가
대격변을 했으니 말이다.

전달의 방법_2000년대 이후

오랜 시간 활자에 의지해서 이루어졌던 전달은 지금으로부터 채 100년이 안 되는 짧은 시간 동안 깜짝 놀랄 정도로 다양한 방식을 취하게 되었다.

문자의 사전적인 정의는 '인간의 언어를 기록하기 위한 시각적인 기호 체계'이다. 즉 눈에 보이는 기호로 이루어진 것이 문자인데, 최근에는 이 문자가 꽤 다양한 형태를 취하고 있다.

지금 당장 한 번 옆에 있는 폰을 들어 가장 자주 쓰는 전달 매체를 한 번 쭉 훑어보자. 개인적인 성향에 따라 차이는 있겠지만 10대 아니 20~30대까지도 대부분 겹치는 패턴들이 있다. 바로 이모티콘을 통한 대화이다.

인터넷이 발전할수록 전달의 속도는 빨라지고 아이러

니하게도 정확도는 과신할 수 없게 되었다. 물론 활자로 정보를 전달하던 시대에도 신뢰할 수 없는 사실들이 기록되기는 했지만 한 번 인쇄되어 남는 형태에 대한 책임감과 무거움은 분명 존재했다.

그런데 통신망이 발달하면서 전달의 형태는 이전보다 훨씬 가벼워졌다. 구구절절 써내려가던 말 대신 의미 파악과 한 줄 카피로 핵심적인 뜻만 전달하는 방법을 택하기도 하고, 내가 하고 싶은 말을 압축해서 대변하는 듯한 이모티콘이 그 자리를 대신하기도 한다. 즉, 내밀하게 깊이를 가진 전달보다는 빠르게 치고받고 주고 넘기는 속도감 있는 전달이 이루어지고 있는 것이다.

문제는 이런 전달의 행태로 인해 유실되는 깊이감을 찾을 길이 없다는 것이다. 앞에서부터 계속 말하지만 전달은 있는 그대로 전하는 것인데 지금처럼 그 안에 내포된 일부만 전하게 되면 분명 오해가 발생하기 마련이다.

물론 이런 전달에도 강점은 존재한다. 누구보다 빠르게, 강한 인상을 주며 한 가지는 정확하게 각인시킬 수 있기 때문에 마케팅에서는 브랜드나 제품 앞으로 사람들의 눈길을 끄는 첫 번째 방법으로 이 전달의 방법을 쓰곤 한다. 이 경우는 깊이감보다는 시선 끌기, 인상 찍히기를 목적으로 한 전달법을 가져온 것이기 때문에 전달의 끝 혹은 전부라기보다는 제대로 된 전달을 위한 시작점이라고 보는 것이 맞다. 때문에 이 자체로 전달이 끝나는 것이 아니라 연속성을 가지고 있고, 다음 행동으로 유도하는 성격이 강하다.

브랜드가 SNS 채널을 적극적으로 이용하는 것은 깊은 정보를 전달하기 위함이 아니다. 그 채널의 목적은 전달의 첫 번째 단계만 전하는 것이다. 바로 인지로 인한 다음 행동의 유발이다.

무심히 손가락을 스크롤해서 쭈욱 내리다가 멈춘다. 분명 내 눈을 끄는 요소가 있는 피드일 것이다. 여기까지는 전달이라고 할 수 없다. 그대로 전하는 것 자체가 이루어지지 않은 대치와 밀당 상태라고 보면 된다.

그런데 그 피드를 보던 사람이 옆으로 한 장 피드를 밀어 다음 내용을 본다. 1차 전달에는 성공했다. 다섯 장에서 열 장 남짓한 이미지와 간단한 카피라이트를 다 본 후

비로소 본문에 써 있는 간단한 정보를 읽는다. '전달의 시작'이다.

다 읽은 후 다음 피드로 그냥 넘어간다면 일단 전달의 50%만 성공한 것이라고 볼 수 있다. 왜냐하면 그 피드를 올린 사람이 목적으로 한 전달의 결과가 이루어지지 않았기 때문이다. 그런데 피드를 보던 사람이 하트를 눌러 좋아요를 표시하고 댓글을 달거나 퍼 나르거나 이벤트에 참여한다면 비로소 '전달에 성공'한 것이다.

피드를 올리면서 비록 문자로 정확하게 '당신이 좋아요를 누르고 공유를 한 후 댓글을 달고 친구도 소환하여 이벤트에 참여해주셨으면 좋겠습니다.'라고 순서대로 쓰지는 않았지만 충분히 의도를 표시하고 여기에 반응하여 내 의도에 부합한 행동을 보였으면 이는 전달의 성공이라 볼 수 있다.

다만 여기서 하나 생각해야 할 것은 마케팅에서 매체에 따라 전달의 방법과 형태를 다르게 다듬어 트렌드에 맞춘다고 해서 이게 전달의 전부라고 생각하면 안 된다는 것이다. 헌데 각종 표식과 기호를 통해 자신을 전달하는 데 익숙해진 사람들은 종종 이 사실을 잊고 다른 곳에서도 이런 식으로 정보를 전달한다. 하다못해 이력서, 보고서에까지 이모티콘이 등장하는 경우도 있는데 이런 것은 정말 지양해야 한다.

그래서 전달은 늘 어렵다. 수위를 맞추기도 어렵고 전달의 기본을 지키기도 어렵다. 그리고 대상에 따라 농도를 맞추는 것도 쉽지 않다. 전달이란 무엇인가를 한 번도 생각해보지 않은 까닭이다.

때문에 전달에 대해 알고 전달을 하는 방법이 아닌 바른 전달에 대해 여러 방식으로 생각하는 힘부터 키워야 한다. 전달을 하는 방식만 익히면 이는 커뮤니케이션의 미봉책만 겉핥기 하는 꼴이 된다. 많은 것이 그렇듯 전달역시 차근차근 내공을 쌓아가는 연습이 필요하다.

전달과 멘탈

세상이 빠르게 변한다는 말조차 식상할 정도로 세상의 변화는 빠르게 이뤄지고 있다. 재미있으면서도 당황스러운 것은 그 변화를 예측하기가 쉽지 않다는 것이다.

불과 3~4년 전만 해도 트로트는 구세대의 산물이었으며 소위 어르신들이 모인 곳에서나 나오는 배경음악처럼 느껴졌지만, 2020년 하반기의 트로트는 이 장르를 제외하면 대체 어떤 장르가 남을지 난감할 정도로 대유행 중이다. 그리고 불과 3~4년 뒤에는 이 또한 어떻게 변화할지 아무도 예측할 수가 없다.

당시에는 사랑받지 못했던 인물들이 '발굴'이라는 용어와 함께 세상에 수 년 혹은 수십 년 만에 '소환'되면서 뒤늦게 사랑받는 경우도 종종 생긴다. 사람뿐 아니라 물건 역시 레트로라는 트렌드를 타고 촌스러움이 정겨움으로, 귀찮음이 정성으로, 번거로움이 묵직한 시간의 증명으로 다시 재포장되는 경우도 계속 만나게 된다.

사실 이때마다 대중을 앞서 먼저 움직여야 하는 사람들이 바로 마케터이다. 단순히 광고 모델을 섭외하는 것에서 멈추는 것이 아니라 대중이 왜 이런 코드에 열광하고 이런 분위기를 사랑하는지를 파악해야 이를 '내가 원하는 행동'까지 끌고 갈 수가 있다.

예전 마케팅에서는 소비자 구매 행동의 변화를 AID-MA 모델로 설명한다.

주목(Attention), 흥미(Interest), 욕망(Desire), 기억(Memory), 구매행동(Action)의 순서로 소비자의 행동이 변화한다는 것인데 오랜 시간 공식처럼 유지되어오던 이 모델은 2005년 일본 광고회사 덴츠(Dentsu)에서 만든 AISAS로 진화했다.

바로 주목(Attention), 흥미(Interest) 다음에 검색(Search)이 위치하고 바로 구매행동(Action)으로 이어진 후 공유(Share)로 이동하는 것이다. 흥미로운 것은 공유

AIDMA 모델

Attention	Interest	Desire	Memory	Action
A	I	D	M	A
인지	흥미	욕구	기억	구매

AISAS 모델

Attention	Interest	Search	Action	Share
A	I	S	A	S
인지	흥미	검색	구매	공유

로 끝나는 것이 아니라 공유 후 다시 주목으로 그 흐름이 이어진다는 점이다.

즉, 일방적으로 한 방향을 향해 가던 구매 행동 변화가 순환의 모습을 지니는 것으로 발전한 것인데, 여기에서 대부분의 사람들이 간과하는 중요한 지점이 하나 있다. 바로 공유에서 주목으로 가는 그 선상에 반드시, 꼭 주의 깊게 고민해야 할 '멘탈의 전달'이다.

단순한 전달에는 굳이 '멘탈'을 끌어들일 필요가 없다.

있는 그대로를 더하고 빼는 것 없이 그대로 전하면 끝이기에 그 외의 것을 고민할 필요가 없지만 공유에서 주목으로 가는 과정에서는 반드시 이 부분을 함께 고민해주어야 한다.

멘탈이라 함은 곧 '정신'이다. 정신은 가치 전달과 연관성을 가지고 때로는 정서의 동화, 가치관의 이식과도 결을 같이한다. 무언가를 공유함으로써 주목받게 되고 이를 다시 구매 행동으로 이끌어내는 가장 대표적인 사람들이 바로 인플루언서 혹은 연예인이다. 이들의 일거수일투족이 만들어내는 사회적 파장을 생각해보면 이 '멘탈의 전달'이 어떤 의미인지 좀 더 쉽게 받아들일 수 있다. 선한 영향력 혹은 챌린지, 릴레이 등으로 표현되는 것들 역시 이 '멘탈의 전달'과도 연관성이 있다. 이런 종류의 전달이 가지는 가장 큰 특징은 바로 '값 없음에도 기꺼이'이다.

즉, 가치에 동의하고 그 정신에 동감하면 대중은 기꺼이 그 안에 담긴 메시지를 받아들일 준비를 한다는 것이다. 좀 더 극단적으로 말해서 땀 흘릴 때 쓰는 헤어밴드를 홍보하기 위해 광고를 사방에 뿌리는 것보다 올바른 정신을 공유함으로써 주목을 받는 누군가가 땀 흘리며 무언가를 할 때 그 머리에 하나 씌우는 것이 더 효과적인 전달일 수 있다는 것이다.

반면에 공유하는 지점에서의 제대로 된 '멘탈' 전달에 실패하게 되면 그 역풍은 훨씬 거세진다. 수많은 '~투'에 걸려 순식간에 나락으로 떨어지는 사람들을 떠올려보면 이 역시도 충분히 이해할 수 있다.

그 어느 때보다 공유를 통해 서로 연결된 관계도 안에 속하는 것이 익숙한 이 시대에 좋은 정신을 가지고 전달하려는 것은 간과하기 쉽지만 놓쳐서는 알 될 중요한 전달 요소 중 하나임이 분명하다.

전달과 육체

한창 전달 얘기를 하다가 갑자기 육체로 넘어오면 많은 사람들이 의아해할 것이다. '아니, 뜬금없이 육체라니?'라고 생각할 수 있지만 내가 누군가에게 무언가를 전달하는 데 있어 육체적인 조건들은 대단히 중요한 포인트를 가지고 있다.

그냥 간단한 질문을 한 번 해보자. 당신이 지금 대단히 중요한 서류를 손에 들고 있다. 이 서류를 전달받을 사람이 당신의 승진을 관장하는 사람인데 불가피한 사정으로 직접 전달하지 못하고 누군가에게 부탁을 해야 한다.

두리번거리며 부탁할 사람을 찾는 당신의 눈에 두 사람이 들어오는데 한 사람은 활기차고 건강한 모습으로 활짝 웃으며 자신감 있게 동료와 대화를 주고받는 사람이고, 다른 한 사람은 입꼬리 눈꼬리가 모두 내려온 채 깊은 한숨을 동반한 처진 어깨의 사람이다.

혹 잘생기고 못생기고, 키가 크고 작고의 육체적 조건을 생각했을 수도 있으니 아예 저 두 사람을 쌍둥이라고 가정해보자. 보이는 조건은 동일한 상태에서 한 사람은 영혼도 몸도 건강할 것 같은 느낌이고, 다른 한 사람은 뭔가 아프고 우울해보일 뿐이다. 당신은 누구에게 중요한 서류를 맡기겠는가?

정말 실험적인 사람이 아닌 다음에야 당연히 전자에게 맡기게 될 것이다. 이는 단순히 우울해 보이는 사람이 불안해서가 아니다. 우울한 정신에 기운 없는 육체는 자신의 몸 안에서 이뤄지는 사소한 전달조차 원활하게 할 수가 없다. 그런 사람들이 어떻게 나의 에너지를, 내가 목표로 하는 것을 누군가에게 전달할 수 있겠는가?

옛 어른들이 하는 말 중 지금까지 전달되어 내려오는 것들은 나름 그 말에 진리가 있고 배울 점이 있어서인데 그중 결코 흘려듣지 말아야 할 게 바로 '건강한 육체에 건강한 정신'이다.

우리의 뇌에는 천 억 개가 넘는 신경세포들이 모여 있다. 이들 세포가 전기적인 신호를 보내 정보를 서로 교환하고 이 과정 속에서 우리는 '생각'이라는 것을 하고 '상상'이라는 것을 하며 감정을 느끼고 생체 리듬, 운동신경을 조율한다. 단 한 순간도 전달을 멈추지 않고 있는 것이다. 그런데 이 전달물질들은 무언가 자극이 주어졌을 때 활발하게 튀어나온다.

혹시 한동안 집에만 가만히 있었을 때 혹은 변화 없이 자리만 차지하고 앉아 있을 때 찾아왔던 감정을 생각해보자. 이것이 우울증의 시작일 것이다.

우울증은 외부적인 요건에 의해 스트레스를 받아 생기기도 하지만 최근 과학자들은 우울증이 뇌의 신경전달물질과 연관이 있다고 생각하고 있다.

우리가 익히 아는 세로토닌, 노르에피네프린, 도파민 등이 우울증과 깊은 연관이 있는데 물론 수많은 신경전달물질 중 '명확히 이것입니다!' 하고 규정짓기에는 아직 연구가 많이 모자란 것이 사실이다. 하지만 현재로서는 이들 물질이 우리의 기분을 조절하고 그로 인해 몸을 덜 움직이게 만들고 결국에는 몸도 마음도 축 처지게 만드는 요인이 된다.

앞에서 예를 들었던 것처럼 내 몸의 전달이 제대로 이뤄지지 않아 균형을 잡지 못한 사람은 결국 남과의 전달에서도 한 발 밀려나게 된다. 마치 도미노처럼 차례대로 무너지고 마는 것이다.

나는 사람 만나는 것을 좋아한다. 일로 만나는 사람, 개인적으로 만나는 사람 그리고 전혀 연관 없이 어디선가 뚝 떨어진 것 같은 의아한 분야의 사람까지 모든 사람이 내게는 마케팅 공부의 요소가 되기에 아무리 업무가 바쁘고 힘들어도 그 시간들을 소홀하게 여기지 않는다.

조금 벗어난 이야기를 하자면 회사에서 쉬는 시간에 수다를 나누는 것처럼 사람들과 이야기를 나누는 것을 즐긴다는 것은 아니다. 또 점심시간에 밥 먹고 티타임을 갖는 것을 좋아한다는 것도 아니다. 솔직히 이런 시간에는 제대로 된 전달이 이뤄지는 것을 본 적이 없다. 감정이 얹힌 뒷담화나 사실이 확인되지 않은 가십이 오히려 이 시간에 정제되지 않고 전달된다.

쓸 데 없는 오해가 생기는 것도 대부분 이런 시간이다. 물론 사람이 늘 정돈된 얘기만 나누고 살 수는 없지만 적어도 나와 회사, 본인 일이 메인이 되어야 하는 시간에는 매 순간 '나는 바르게 전달하고 있는가?'를 고심해야 한다.

그래서 최대한 업무 시간에는 업무에 집중하고, 보다 자유롭게 촉수를 뻗어 다양한 분야의 사람들을 만나 그들의 인사이트를 전달받는 시간은 퇴근 이후나 주말에 집중시킨다. 그리고 절대 그 시간의 여파가 다른 시간을 침범하게 두지 않는다. 좋은 사람들과 신나는 시간을 보낸 것이 일과 또 다른 생활에 좋지 않은 영향을 전달해서는 안 되기 때문이다.

사실 '전달과 육체'라는 주제를 잡으며 가장 하고 싶었던 것은 제어하지 못하면서 자신의 육체가 그냥 취하게 두는 사람들에게 진지하게 이 이야기를 하고 싶어서였다.

나는 '나'지만 그런 '나'는 다양한 '내'가 서로 연결된 모습이다. 즉 회사에서의 캐릭터인 내가 있고, 친구들 앞에서의 내가 있고, 부모 앞에서의 내가, 가족 앞에서 나의 모습이 조금씩 다를 수밖에 없는데 완전한 나는 '서로 다른 내'가 각자의 '나'에게 피해를 주지 않고 연결되어 있는 상태이다.

그리고 '서로 다른 내'가 제대로 연결되어 있으려면 분명히 말하건대 체력이 있어야 한다. 힘이 없으면 당연히 짜증이 난다. 늘어져 있으면 제대로 대답할 수 없다. 이 상황에서 무슨 전달이 이뤄지겠는가.

그래서 전달에도 체력이 중요하다고 하는 것이다. 체력적 받침이 없으면 전달력 역시 당연히 기대할 수 없다.

시장에서의 전달이란

　한창 스토리텔링이라는 말이 시장을 휩쓸었고 이어 스토리두잉이라는 말도 산발적으로 발생했다. 사실 광고, 홍보, 마케팅은 그 역사를 찾아 올라가면 아마 선사시대 때까지도 가야 할 것이다. 사람이 모여 살면서 내게 필요한 것을 얻기 위해 어떤 행위를 했다고 하면 그게 곧 마케팅이지 않았겠는가.

　간만에 작황이 좋아 내가 조개를 한 자루 채집할 수 있었는데 때는 여름이고 조개를 빨리 뭔가로 바꾸지 않으면 다 상해버릴 상황에 처해 있다면 어떨까. '만나는 사람마다 붙들고 조개와 사과를 바꾸자, 조개와 고기 한 조각을 바꾸자, 조개와 물고기를 바꾸자'라며 조개를 팔려고 하지 않았을까?

그런데 여기에 한 가지 더 상황을 얹어서 나만큼이나 조개를 많이 채집한 사람이 또 나타났다면, 그때부터 나는 이 조개에 사연을 붙여야만 한다. 하다못해 남들이 한 번도 가지 않은 나만의 비밀 갯벌에서 캔 것이랄지 새벽별의 계시를 받고 나갔더니 갯벌에 이 아이들이 별처럼 흩어져 있었다랄지 뭔가 차별화시켜 팔아야 하는 것이다.

마케팅에서 자꾸 스토리, 스토리텔링, 스토리두잉을 가져오는 이유는 경쟁자가 나타난 조개 파는 사람의 심정 때문이다. 온라인 세상이 되어버린 지금은 스크롤 한 번이면 수십 개의 상품이 쭉 지나가버리는 상황에서 고객의 눈과 마음에 전달되는 상품을 기획해서 보이기란 새벽별 아래 진귀한 조개를 찾는 것보다 수만 배는 어렵다. 그렇기 때문에 그 마음에 제대로 전달되어 안착시킬 스토리를 고민하는 것이다.

스토리텔링이 제품이나 기업에 대한 이야기를 대중에게 전달하는 것이라면 스토리두잉은 그 스토리를 직접 행동으로 옮기는 것이다. 예를 들어 당신이 뭔가를 사면 어디론가 뭐가 가요라는 방식은 '스토리두잉'이다.

탐스라는 신발 브랜드가 가장 대표적으로 이 스토리두 잉을 활용했다. 내가 신발을 사면 한 켤레가 개발도상국에 기부되는 형식을 취해 소비자가 소비와 기부를 동시에 할 수 있게끔 한 것이 가장 대표적인 스토리두잉으로 볼 수 있다.

피엘라벤이라는 아웃도어 브랜드 역시 스토리두잉을 적극 활용한다. 여우가 둥글게 몸을 말고 있는 마크의 가방으로 유명한 이 브랜드는 사실 지속 가능성이 있는 소재로 오랜 시간 아웃도어를 즐기는, 아웃도어 용품이지만 대대손손 물려 입고 윗세대가 아래 세대에게 아웃도어를 전달하는 것을 지향하는 브랜드이다.

그래서 이 브랜드에서는 70~80년대에 만든 옷을 지금 자녀나 손주가 물려 입고 여전히 아웃도어를 즐기는 사진을 SNS 피드에 올리며 자신들의 가치를 전달하고 있다. '여전히 신제품을 생산하고 있지만 환경을 생각해 굳이 새 것을 사지 말고 물려 입어도 괜찮다. 우리는 그만큼 튼튼하게 잘 만들었다. 가치는 여전히 전달되기에 물려 입는다'는 의미를 스토리두잉을 통해 말하고 있는 것이다. 더불어 전 세계에서 피엘라벤 클래식이라는 트래킹 대회를 개최함으로써 자연과 사람이 더불어 함께 공존하는 프로그램을 통해 스토리두잉에 힘을 싣고 있다.

나 역시 이베이코리아에서 근무할 때 이런 스토리두잉을 통해 시장과 소통해본 경험이 있다. 바로 '1.25 미라클 마켓'이라는 프로젝트였다. 1.25 미라클 마켓의 1.25는 당시 아프리카 극빈곤층의 하루 최저 생계비를 뜻했다. 여전히 하루 1.25달러로 살아가는 사람들이 있는 곳, 아프리카를 돕는다는 취지로 시작한 프로젝트였다.

쇼핑몰은 누군가의 구매가 이루어지는 곳이다. 늘 뭔가를 사고파는 행위가 끊이지 않는 플랫폼에서 누군가를 돕자는 취지의 프로젝트를 실행하는 것은 어찌 보면 잘 어울리지 않을 수도 있다. 그런데 누군가를 돕는 사람이 따로 정해져 있는 것은 아니지 않는가.

일단 꾸준히 유입되는 사람들이 있는 한 쇼핑을 하듯 기부도 손쉽게 할 수 있으면 그것 자체로 의미가 있을 거라 생각했다. 마침 당시 내가 팀장으로 있었던 곳이 이베이코리아의 브랜드&소셜마케팅팀이었고 제일기획, 기아

대책과 함께 일을 도모할 수 있는 기회가 주어져 막연할 수 있었던 프로젝트를 실행으로 옮길 수 있었다.

먼저 아프리카 말라위의 쓰레기마을이라 칭해지는 곳에서 쓰레기 더미를 주워 생활하는 아이들을 돕는 것으로 프로젝트를 세밀화시켰다. 1.25달러라는 금액, 한국 돈으로 약 1,250원(당시)에 해당하는 돈으로 재능을 기부한 작품을 사서 곧 그 금액으로 기부할 수 있는 단계를 만들었다.

당시 많은 연예인들이 참여해서 무료 응원 영상을 진행해주었고, 별도 광고 없이도 한 달 페이지뷰는 500,000 정도, 기부 작품은 16,000개를 팔 수 있었다. 한 아이의 16,000일을 지켜줄 수 있게 된 셈이다. 이처럼 사람들은 마음이 움직이면, 누군가의 전달에 공감하면 움직인다. 만약 그렇지 않으면 그 금액이 1.25달러가 아니라 0.125 달러라도 꼼짝도 하지 않는 것이 사람이다.

똑같은 프로젝트를 '당신의 1,250원을 아프리카 아이에게 주실 수 있습니까.'로 다가갔다면 과연 저만큼의 효과가 일어날 수 있었을까? 전달은 이렇게나 중요하다.

10, 20대의 안타까운 전달 방식

나는 20대를 좋아한다.

그들이랑 얘기를 하면서 느껴지는 재기발랄함이 좋고 뒤를 고민하기보다는 일단 달려나가 보려는 용기가 좋다. 그 시기에만 할 수 있는 무모하게 느껴질 수 있지만 힘이 넘치는 전달 방식들이 있는데 비록 정제되고 다듬어진 것은 아니지만 그들이 가지고 있는 그 전달력들이 '전달' 보다는 '력' 부분에서 늘 나를 재미있게 한다.

사실 직장 생활을 시작하며 20대와 밀접하게 소통할 일이 많지는 않았다. 내 경우는 이베이코리아에 근무할 때 GLOVE라는 대학생 해외봉사단을 운영하면서 그들과 함께 할 기회가 있었는데 개인적으로는 일을 하면서 겪었던 시간 중 가장 기쁜 시간이었다.

글로브(GLOVE)는 기존의 G마켓 해외 봉사단을 새로 리브랜딩해서 진행한 사례였다. 야구 글러브처럼 다 같이 선한 영향력을 주고받았으면 좋겠다는 마음에 결정한 네이밍이었는데 재미있었던 것은 받아들이는 사람들이 스스로 'G마켓 Love'라고 해석해주었던 것이다.

물론 두 가지를 다 고민했고 대중들이 받아들여주는 대로 해석하면 되겠다 싶었던 마음도 있었는데, 이때도 대중들에게 어떤 본질을 담아 전달할 때 더 깊이 있게 받아들여지고 오래 기억에 남게 되는지를 새삼 깨닫기도 했다. 봉사활동이라는 것 때문에 대부분 사랑을 좀 더 쉽게 연관시켰던 것인데 이처럼 무언가를 전달할 때 본질적인 부분을 짚어내는 것은 중요한 지점 중의 하나이다.

그리고 이런 직관성은 오히려 기성세대보다 10~20대에서 더 많이 볼 수 있다. 배울 점임과 동시에 안타까운 양날의 지점이기도 한 솔직함이다. 이 솔직함은 흥미롭게도 극한 경우에 가장 잘 드러난다. 그래서 누군가의 진면목을 알아보고 싶으면 함께 여행을 가라고 하지 않는가.

봉사활동 그것도 해외의 오지로 가는 봉사활동은 여

행도 아니고 편안함도 없는데다 생판 모르는 사람들끼리 그것도 더 낯선 사람들을 도와주는 일이기 때문에 더 빠르게 본질이 드러난다. 게다가 그 대상들이 '력'이 넘쳐나는 20대라면 이 힘끼리 부딪히며 발생하는 전달의 오류가 꽤 큰일을 만들기도 한다.

가끔 솔직함이 최상이라 생각하고 뻔뻔함이 당당함이라고 믿는 사람들이 있다. 이들의 공통적인 특징은 자신이 가진 것을 전달하는 데 있어 보편성을 획득하기는커녕 자기 검증조차 하지 않는 경우가 많다는 것이다.

신기하게도 당당한 사람들일수록 고집이 세고 전달도 막무가내이다. 간혹 그런 게 젊음의 특권이고 귀엽다고 봐주는 사람도 있을지 모르겠지만 내 경우는 전혀 아니다. 아무리 어려도 제대로 된 전달의 절차는 분명 알고 있다. 하물며 미취학 어린이들도 자신들이 원하는 것을 얻기 위해서는 두 손 공손히 내밀며 '주세요'라는 말을 하는 스킬을 익혔는데 10대, 20대가 그 방법을 모른다는 것은 말이 되지 않는다.

그래서 나는 어린 친구들을 만나면 철저하게 단순 조

언자나 구경꾼의 입장을 택한다. 그들이 내게 전달하고자 하는 것이 온전하게 내 마음에 들어오면 그때는 성심 성의껏 나 역시 내가 가진 것을 전달하려고 하지만 그렇지 못한 경우가 더 많다. 안타까운 일이다.

그나마 다행인 것은 여전히 그 당시 해외봉사단을 했던 친구들이 나를 찾아온다는 것이다. 십 여 년이 지난 지금까지 찾아와 자신의 이야기를 전하고 내 이야기를 전달받길 원하는 것을 보면 당시에 그들이 내게 주었던, 내가 그들에게 주었던 에너지가 서로 잘 전해졌나보다라는 생각을 한다.

그리고 그들은 그때나 지금이나 동일한 태도를 지니고 있다. 자기 생각을 여러 번 검증하고 누군가를 설득할 준비가 충분히 된 상태에서 의견을 조심스레 전한다는 것이다. 이런 커뮤니케이션을 마다할 사람은 아무도 없다. 내가 줄 수 있는 것 이상을 주고 싶어지는 자기 검증이 충분히 끝난 것을 전달하는 태도, 20대들에게 꼭 권하고 싶은 전달의 기본이다.

30, 40대의 속 터지는 전달 방식

30, 40대쯤 되면 어느 정도 직장 생활도 익숙해지고 나름 자신만의 커뮤니케이션 스킬도 생기고 내 방식이라고 할 만한 전달법이 만들어지는 시기이다. 이렇기 때문에 더 위험해지는 시기이기도 하다.

자기의 논리가 정확해지면 전달에는 확실히 힘이 생긴다. 대신 이때 간과해서는 안 되는 것이 자신의 논리가 어느 순간에는 선입관과 아집이 될 수 있다는 것이다.

한 번은 후배가 꽤 곤혹스런 얼굴로 나에게 조언을 구한 적이 있었다. 자신의 처남에게 소송이 걸렸는데 이걸 어떻게 해야 할지에 대한 것이었다.

사연은 이랬다.

후배의 처남이 다니는 회사는 1차 협력사였는데 본인의 발전을 꾀하고 싶어 상위(원청) 회사로 이직을 준비했다고 한다. 차근차근 잘 준비해서 면접을 보고 합격했는데 문제는 여기서 발생했다. 원래 다니던 1차 회사에서 이직한 본인에게 내용 증명을 보내 이직 시에 고소를 진행하겠다는 통고를 한 것이다.

일반적으로 협력사에 근무하던 사람이 원청으로 가는 것은 개인에게는 좋지만, 중소기업 입장에서는 애써 키워 놓은 인재를 대기업에게 뺏긴다는 인식이 있다. 게다가 공들여 회사 내부의 주요 정보와 기술까지 다 전달해 놓은 상태인데 획 가버린다면 당연히 배신감을 느낄 수도 있다. 때문에 원칙에 맞게 제대로 취업 절차를 밟는 것도 중요하지만 기존 회사와의 소통을 잘 마무리 짓는 것도 중요하다.

사실 이런 경우 조금씩 경우가 다를 수는 있지만 대부분 스카우트 제의를 받아서 가기보다는 스스로 살 길을 찾아 구인 정보를 받은 후 지원하게 된다. 스스로 가겠다고 먼저 결정하고 움직이는 것이기 때문에 기존 회사의 사수, 선후배 그리고 인사팀과도 충분히 얘기를 해야한다. 이때 통고하듯 "저 가려고요."가 아니라 가고자 하는 이유를 명확하게 밝히고 기존 회사에 오해의 소지가없게끔 해야 한다.

그래서 바로 이직을 하기보다는 시간적인 여유를 두고합격이 거의 확실시될 즈음부터 기존 회사에 자신의 의견을 차분하게 전달하는 것이 좋다. 논의와 통고는 완전다르기 때문이다.

후배의 처남은 그 과정을 거치지 않았다. 합격 후 "저합격했어요. 가겠습니다."라는 통고를 박수치며 반가워해줄 회사는 어디에도 없다. 당연히 회사로서는 추후 그 사람으로 인해 발생할 수 있는 다양한 손해에 대한 보호책을 마련해야 하고 이 과정에서 서로 마음이 상할 수밖에없다.

마음만 상할까? 몸도 상한다. 소송은 바로 해결되는 것이 아니다. 계속 몸과 마음이 볶이고 옮긴 회사에서도 편치 않을 것은 자명한 사실이다. 이런 사항들을 다 알고 있기에 후배는 처남이 맞소송을 고민하고 있다며 이걸 지지해줘야 하는지 아니면 말려야 하는지에 대한 조언을 구했던 것이다.

그런데 이야기를 들으면서 문득 본 회사에서 원한 것이 과연 소송일까? 하는 생각이 들었다. 보통 회사에서 그런 종류의 소송을 했을 때 승소는 거의 없다. 직원이 정말 세상을 발칵 뒤집어 놓을 만한 기술을 가지고 있거나 그가 나가면 회사가 휘청거릴 정도의 핵심 인재여서 정말 놓치면 안 되는 브레인일 경우는 모르겠지만, 대부분 회사에서는 직원을 소송했을 때 단순 이직만으로는 승소가 어렵다. 내 주변에서도 몇 번 그런 경우를 본 적이 있지만 회사가 이긴 경우는 한 번도 보지 못했다.

그럼에도 불구하고 소송을 하겠다고 한다면 그만큼 회사에서도 억울하고 서운한데 안 되는 소송이라도 해봐야겠다는 마음일 가능성이 크다. 특히 후배 처남의 경우 딱히 기술적인 문제가 걸려 있는 것도 아니어서 소위 '괘씸죄' 부분이 더 크지 않을까 하는 생각을 했다.

그래서 맞고소 이런 거 다 그만두고 회사 임원과 솔직하게 얘기해보라는 조언을 해주었다.

전달에 대한 수많은 원칙 중 가장 기본은 진정성이다. 그 진정성을 보이며 왜 이직하고 싶은지 이직이 필요한 이유를 차분하게 말해보라고 했다. 다행히 후배 처남은 내 조언을 받아들여주었다. 결국 얘기가 잘 진행되어 회사에서는 소송을 진행하지 않기로 했고, 다행히 후배 처남도 무사히 이직해서 회사에 다닐 수 있었다.

가끔 어느 정도 연차가 되고 자기만의 원칙이 있다고 생각하는 중년들은 본심을 전달하는 것을 잊곤 한다. 내가 아는 것처럼 다른 사람도 알 거라 생각하고, 내가 생각하는 것이 그냥 모두의 생각이고 정도라고 믿는 경우가 많다.

하지만 세상에 100명의 사람이 있다면 같은 동그라미를 보면서도 100명이 모두 동그라미에 대한 다른 생각을 하고 있다는 것을 잊어서는 안 된다. 그렇기 때문에 내 선입관과 원칙을 당연한 듯 전달하는 것은 나이가 들수록 지양해야 한다.

50, 60대의 쓰러지는 전달 방식

아래 몇 가지 대화 패턴을 먼저 살펴보자.

내가 그 프로젝트를 성공시킨 사람이야!

이거 좀 하세요.

기획안 그때까지 가져오는 거 가능해?

이거 틀린 거 아니야?

아니…. 그게 아니고.

자, 위의 대화를 읽으면서 가슴이 뜨끔했거나, 뒤통수가 아릿해졌다면 우선 잠시 동안 반성을 좀 해보자. 나도 그렇고 당신도 그렇고 이 대화가 입에 착착 붙는다면 제대로 된 전달을 못 하고 있다는 증거다. 그리고 안타깝게도 대부분의 기성세대가 그렇다. 사실 전달력에 대한 필요가 부각된 것은 놀랍게도 최근의 일이다. 아이러니하게도 앞에서 말했던 것처럼 무언가를 전달하고자 하는 욕구가 선사시대 때부터 있었음에도 불구하고 그 근원적인 힘에 대한 생각은 그만큼 발전하지 못했다.

이는 사회적 분위기의 변화와도 관계가 있는데 지금의 20대는 매우 어색하겠지만 40대부터는 아마 어렸을 때 봤던 광고들을 떠올려보면 이해가 쉬울 것이다.

지금에야 광고가 이미지 하나, 카피 하나 혹은 스토리를 유추할 수 있게끔 궁금증을 유발하는 핵심적인 장면 하나로 대변되지만 불과 20, 30년 전만 해도 광고라는 것들이 무척이나 구구절절했다. 내 기억에 새우로 만든 과자 광고에 새우를 공급하는 배의 선장님 사진이 들어 있고, 새우가 한 봉지에 몇 마리 들어 있는지, 어떻게 만드는지까지 기재된 광고를 본 적이 있다. 한 마디로 그때의 전달은 최대한 많이 자세하게 사실을 넘겨주는 게 핵심이었던 거다.

당연히 소통의 전달도 그 맥을 비슷하게 가져갔을 것

이다. 길게 말하다 보니 지치고, 그러다 보니 단문으로 명령하는 소통이 효율적이라 믿게 되고, 거기에 경험과 연륜으로 만들어진 자기 고집이 세워지다 보니 '내가 곧 답이다. 그러니 내게 그렇다고 하라!'는 기본 의식 아래 전달하게 되는 것이다.

일단 기본적으로 강한 논조를 가지고 고집을 꺾지 않은 전달은 그 위에 아무리 감언이설을 펴 발라도 힘을 갖지 못한다. 뾰족한 선인장을 꼼꼼히 포장해도 결국 상대방이 끌어안는 순간 가시에 찔리는 것처럼 모나버린 생각은 전달력의 힘을 받지 못하는 것이다. 안타깝게도 장년, 노년층의 전달이 이와 비슷하다.

그렇다면 위에 말한 저 대화를 좀 더 전달력 있게 바꿔보면 어떤 말로 바꿀 수 있을까?

여기에는 몇 가지 전달의 법칙이 적용되는데 우선 나라는 사람을 전달할 때 수식어 없이 담백하게 얘기하는 것이 핵심이다. '내가 뭘 한 사람이라는 것을 전달하는 것보다 그냥 나는 누구다.'까지만 전하면 사실이 직구로 상대에게 곧장 꽂히게 된다. 그리고 '해라, 마라' 명령보다는 '해주었으면 좋겠다. 또는 고맙겠다'라는 행동을 불러일으킬 만한 마음의 움직임을 함께 전해주는 것이 보다 힘을 갖는다. '해!'보다는 '해주면 고맙겠다'는 말이 딱 보기에도 좀 더 말랑하게 마음을 움직이지 않는가?

마찬가지로 '가능해?'라고 물으면서 '불가능할 거 아는데 어디 한 번 할 수 있으면 해봐'라는 부정적인 문장을 숨긴 가시 돋친 전달이나 '~한 거 아니야?'라고 책임을 상대에게 밀어버리는 무책임한 전달 역시 매력적인 전달법은 아니다.

그리고 무엇보다 '아니….'로 시작하는 상대방이 애써 내게 전달하고자 했던 모든 것을 부정하면서 시작하는 것이야말로 가장 답답하고 안타까운 게 아닐까 한다.

쉽게 생각해서 내가 애써 무언가를 팔아보려고 기획을 짜고 두근거리는 마음과 함께 대중에게 오픈했는데 첫 반응이 '아니….' '이건 아니지.'였다고 상상해보자. 상상만으로도 아득해지지 않는가. 마케터로서는 정말 살면서 절대 마주하고 싶지 않은 순간이면서 한 사람으로서도 겪고 싶지 않은 태도임이 분명하다.

Part 2

스스로에게
전달하는 방법

꿈을 현실화시키는 전달력

이쯤에서 스스로에게 한 번 솔직해져 보는 잠깐의 시간을 가져보자.

그냥 세 개의 질문을 스스로에게 하고 속으로만 대답하면 된다. 굳이 남에게 결과를 알릴 필요도 없고 그냥 혼자 질문하고 대답하고 만족하거나 자신을 부끄러워할 수 있다.

첫 번째 질문. 나는 내 맘대로 되는가?

두 번째 질문. 나는 내가 맘에 드는가?

세 번째 질문. 타인을 설득하기 쉬운가,

나를 설득하기가 쉬운가?

만약 첫 번째 질문과 두 번째 질문에서 조용히 '아니오'라고 대답했다면 그 사람은 자신의 마음을 스스로에게 전달하는 것부터 차근차근 다시 시작해야 한다. 나라는 존재는 스스로에게 너무나도 익숙해서 우리는 때로 내가 뭘 원하는지 내가 전달하고자 하는 것이 무엇인지를 그냥 무심히 넘어갈 때가 많다. 특히 시키는 대로 휘둘려 온 학창시절에 이 전달을 자신에게 제대로 해본 적 없는 친구들이 고등학교를 졸업하는 순간 혼란에 빠진다.

본인이 아무리 머리가 좋아도 좋은 것을 넘어 천재성을 가졌어도 이 혼란은 똑같이 온다. 왜냐하면 배운 적이 없고 해본 적이 없으니까.

혹시 〈마이너리티 리포트〉라는 영화를 본 적이 있다면 미래를 예측하는 세 쌍둥이를 기억할 것이다. 미래에 일어날 살인을 꿈으로 꾸고 이 장면에서 본 사람들의 이름을 공으로 출력해서 범죄예방부서에 전달해주는 것인데, 누군가가 죽고 사는 것을 누워서도 관장하던 예지자지만 자신의 몸에 연결되어 있던 선이 뽑히는 순간 걸음도 제대로 걷지 못한다. 머릿속은 천재고 미래도 볼 줄 알지만 내 발로 걷고 내 의견은 전달해 본 적이 없기에 무기력해질 수밖에 없는 것이다.

내게 스스로 뭔가를 직접 전달해보지 않은 사람은 이 예지자와 다를 것이 없다. 내 안에 아무리 많은 가능성이 있어도 그걸 밖으로 전달하지 못해 나라는 사람을 세상에 알릴 요소를 찾지 못한다면 그것은 상상 아니 망상에 가깝다.

로또가 당첨된 후에 할 일을 상상하면 뭐 하나? 직접 가서 번호를 적고 구입을 해야 그 가능성에 조금이라도 가까워지는 것 아니겠는가. 그런데 '로또가 당첨되어야지, 로또가 당첨되면'이라고 하는 사람에게 그래서 샀냐고 물어보면 대부분 멋쩍게 웃으며 아니라고 대답한다. 내 상상을 행동으로 전달하지 못하는 것이다.

꿈 노트

스스로에게 많은 질문을 할수록 구체화할 수 있는 기회가 늘어난다. 너무 많은 정보가 쏟아져 들어오는 시대를 살다 보니 오히려 '왜?'라는 질문이 적어진다. 내가 꿈이 없는 것 같고 앞으로 뭘 어떻게 시작해야 할지 모르겠다면 일단 '꿈 노트'를 먼저 써보는 것도 좋겠다.

1. 스스로에게 하는 질문 10가지

나는 나를 칭찬해 본 적이 있을까? 내가 뭘 잘하고 못하는지 정량적으로 살펴본 적이 있을까? 누군가에게 보여줄 것이 아닌 나의 꿈을 위한 것이니 솔직하게 적어보자.

☐ 나의 기술적 장점은 무엇일까? (10개 이내로)

☐ 나의 감성적 장점은 무엇일까? (10개 이내로)

☐ 나의 기술적 단점은 무엇일까? (10개 이내로)

☐ 나의 감성적 단점은 무엇일까? (10개 이내로)

☐ 가장 많이 들었던 칭찬의 종류는?

☐ 가장 많이 들었던 험담의 종류는?

☐ 나는 좋은 사람이고 싶은가, 능력 있는 사람이고 싶은가?

☐ 나는 돈을 벌고 싶은 사람인가, 명예롭고 싶은 사람인가?

☐ 지금의 내 모습에 사실은 만족하고 있는가, 절대적으로 불만족하는가?

☐ 가족을 설득하는 것이 힘든가, 남을 설득하는 것이 힘든가?

2. 위의 질문에서 나온 대답으로 '나'라는 사람의 현재 상태를 써보자.

_____

_____

3. 2번에서 쓴 '나'를 기준으로 3년 뒤, 5년 뒤, 10년 뒤 예상되는 모습을 상상해보자.

☐ 3년 뒤의 나는

– 이런 모습은 버리고 싶다.

– 이런 모습은 갖추고 싶다.

☐ 5년 뒤의 나는

– 이런 모습은 버리고 싶다.

– 이런 모습은 갖추고 싶다.

☐ 10년 뒤의 나는

– 이런 모습은 버리고 싶다.

– 이런 모습은 갖추고 싶다.

4. 버리기 위해 오늘부터 해야 할 것을 다섯 개 내외로 정리해보자.

_____

_____

5. 갖춰야 할 것을 위해 오늘부터 해야 할 것을 다섯 개 내외로 정리해
   보자.

_____

_____

구체화의 세 가지 방법

무언가를 제대로 전달하기 위해서는 먼저 뭘 전달하고 싶은지를 알아야 한다. 대부분 전달력이 없는 사람들은 자기가 무슨 말을 하는지 어떤 걸 원하는지 스스로도 모를 때가 많은데 시작부터 이렇게 꼬여버리면 전달을 시도하기도 전에 물 건너간다고 보면 된다.

그렇기 때문에 구체화 작업이 필요하다. 이 구체화 작업은 전달을 위한 가장 기본적인 준비인데 굳이 남한테 보일 것도 없고 자신의 머릿속에 있는 것을 끄집어내어 정리하는 과정이라고 생각하면 된다.

내가 구체화 과정을 처음 시도했던 것은 아마도 고등학교 2학년 때였던 것 같다. 나 역시도 그 전에는 학교에서 하는 공부, 또래들과 어울리며 나누는 이야기들, 부모

님의 영향으로 그저 성실한 학생 노릇만 했었는데 뜬금 없이 고 2 정월 대보름날 보름달을 보며 나도 모르게 이런 말이 흘러나왔다.

"35세 전에 연봉 1억을 받게 해주세요."

사실 그 전까지는 구체적인 것이 하나도 없었다. 그날도 크고 둥근 달에 홀린 듯 첫 마디를 그렇게 내뱉었을 뿐이었다. 그런데 신기하게 첫 마디를 저렇게 내뱉고 나니 조금 뒤에 그 이후의 말이 흘러나왔다.

"45세 이전에 직원 1만 명 이상 회사의 임원이 되게 해주세요. 그리고 55세 전에는 대한민국 1,000대 기업의 CEO가 되게 해주세요."

마치 처음부터 계획을 세운 듯 내 미래에 대한 바람이 흘러나왔다. 더 재미있는 것은 이렇게 밖으로 일단 한 번 뱉고 나니 그 다음부터는 내가 한 이 말을 의식하게 된다는 것이었다. 공부할 때도 '그래 이걸 좀 더 빨리 마치고 다른 걸 조금 더 하면 첫 번째 꿈으로 가는 것이 조금은 빨라질 거야'라고 스스로를 독려한다든가 대학을 정할 때도 점수에 맞춰 넣는 것이 아니라 그래서 내가 미래에 그런 일들을 하려면 어떤 방향을 잡아야 할까를 고민하게 되었다.

이것이 구체화의 첫 번째 방법이다. 머릿속에 있는 것을 말로 먼저 툭 뱉어놓는 것. 그래서 그게 온전한 한 문장이 되어 내 마음에 혹은 공책 어딘가에 새겨지게 하는 것이 시작의 첫 걸음이 되는 것이다.

구체화의 두 번째 방법은 내뱉은 첫 번째 선언을 실행할 단 한 가지를 일단 행동으로 해보는 것이다. 내 경우는 미술학원이었다.

고등학교 때 관심 있었던 분야가 디자인이었는데 사람들에게 하나의 이미지를 던져주고 그 안에 메시지를 담는 것이 매력적으로 느껴졌다. 그래서 시각디자인과를 목표로 공부하면서 보다 구체적으로 실행하기 위해 미술학원을 선택했다. 내가 달을 보며 뱉은 말을 조금씩 더 구체화시켜 생각하고 날을 세우고 하다 보니 내가 하고 싶은 것이 결국 광고라는 것을 알게 되었기 때문이었다.

비교적 또래보다 일찍 꿈을 꾸었고 장래를 계획했기에 스스로에게 미션을 전달하고 수행하게 하는 것은 제법 정확하고 빨랐다. 목표로 했던 시각디자인과보다 좀 더 폭 넓게 세상을 보는 시각을 갖는 게 좋을 것 같아 '경영학과에 가고 싶다'는 것도 내가 정한 막연하지만 확실한 목표, 즉 달에게 말했던 첫 번째 소원이 기준이 되었다.

그랬기에 경영학과에서 공부하면서 막연하게 그냥 경영 전반에 대한 공부를 한 게 아니라 내가 지향했던 마케팅에 도움이 될 수 있는 부분을 선택해서 집중하는 것을 택했다. 고객 행동 분석, 마케팅, 광고 등에 대한 공부를 경영과 연관하여 할 수 있었고 이 부분을 경영학이 아닌 다른 시선으로 보는 것이 궁극적으로는 마케팅을 하는 데 도움이 될 것 같아 신문방송학과를 복수 전공했다.

경영학과에서 배운 경영학원론, 마케팅관리, 경영정보 시스템 등은 나의 마케팅에 발판이 되었다. 경영정보론을 들으면서 온라인 세상에 접목할 수 있다라는 판단을 할 수 있는 기회가 되었는데, 이는 2004년에 오프라인 마케팅에서 온라인으로 내가 나갈 시장을 옮기는 데도 큰 도움을 주었다.

당시 많은 선배들이 어리석은 짓이라고 말했지만 학교에서 배운 지식과 광통신이 깔려가는 당시의 상황을 매칭한 결과 대세는 온라인이 될 것이라 판단했다. 결국 지금의 내가 있게끔 한 것은 충실한 전공 공부와 세상의 흐름을 매칭했던 당시의 선택이 아니었을까 싶다.

신문방송학을 통해 배운 언론학원론, 국제커뮤니케이션, 매체기호학, 비판커뮤니케이션, 방송표현론 등도 내게 큰 도움을 준 과목들이다. 이러한 신문방송학 관련 수업을 통해 나는 세상을 보는 시각을 많이 넓힐 수 있었다. 간혹 학교 공부가 실제로 사회에 나와서 도움이 안 된다는 사람들도 있는데 나는 그렇게 생각하지 않는다. 지금도 학교 다닐 때 배운 기본 학문과 생활 학문들이 너무나도 나에게 도움이 되고 기본 지식이 되어 매 순간 한 단계 더 성장할 수 있는 기회를 준다.

왜?와 어떻게는 항상 같이

전달을 제대로 하기 위해서는 우선 자기 검증이 끝나야 한다.

내 아이디어에 대한 뒷받침 이론이 잘 만들어져 있어야 하고 논리도 정확해야 한다. 한 번은 모 외국계 제조사에서 내게 코마케팅(co-marketing)을 하고 싶다며 의견을 구한 적이 있었다. 이미 이전에 이베이코리아를 다닐 때부터 인연이 있던 곳이었고 함께 성과를 낸 경험도 있는 곳이었는데 그들이 원한 건 자신들이 얘기하는 대로 실행하는 사람이 아니라 함께 시장에 대한 의문을 갖고 무엇인가를 만들어갈 사람이었던 것 같다.

흔히 마케터는 제품이나 기업이 정해 놓은 무언가를 그냥 잘 팔 수 있게 해주는 사람이라고 생각하지만 내가 생각하는 마케터는 조금 다르다. 좋은 마케터는 '꺼리'를 만들 줄 아는 사람이다. 이 '꺼리'라는 것은 고객이 채 깨닫지 못하는 스스로의 필요를 발굴해내는 작업인데 이때 가장 많이 해야 하는 말이 '왜? 어떻게?'이다.

내게 찾아왔던 외국계 제조사도 기대했던 것이 바로 '왜? 어떻게?'를 끊임없이 주고받는 마케터였다. 이 두 단어는 함께 성장하는 데 가장 핵심적인 역할을 하는 말이다. 대부분 co-marketing이라고 하면 각자가 가지고 있는 역량의 일부분을 합쳐서 좀 더 좋은 시너지 효과를 내는 것 정도로 생각하지만 내가 생각하는 co-marketing은 '꺼리'를 만들고 이를 위해 제조사와 함께 치열한 아이디어 회의를 하고 이후 회의를 통해 도출한 것이 서로에게 만족스러운 거래액으로까지 이어지게끔 하는 것이다.

단순히 마케팅이 마케팅으로 끝나서는 제대로 전달이 된 것인지 확인할 길이 없다. 결과를 봐야 한다. 그리고 결과까지 끈질기게 확인하려면 처음부터 적극적으로 참여해서 논의하는 과정이 반드시 필요하고 그 과정 중에 계속적으로 왜? 하고 묻고 어떻게? 하고 검증하는 단계가 반복되어야 한다.

'베이비센터'라는 콘텐츠였는데 출산과 양육 초기에 필요한 제품들을 한 곳에 모아서 보여주는 구조였다. 쇼핑몰은 상품만 파는 곳이 아니다. 사실 상품은 지나치게 많다. 그중에서 고객과 제대로 소통된 것들이 선택되고 그 제품과의 커뮤니케이션이 마음에 든 고객은 그 사이트를 다시 찾는 충성고객이 된다.

그냥 좋은 물건 싸게 많이 파는 것이 능사가 아니라 고객의 필요를 제대로 채워주고 그래서 다시 찾아 또 사게 만들고 더 나아가 다른 사람이 살 수 있게끔 소개하고 응원하는 데까지 가야 그 브랜드와 제품이 비로소 제대로 시장에 안착했다고 볼 수 있다.

특히 아기에 대한 것은 구매자가 가장 까다로워지는 제품군 중 하나이다. 소비 가능한 금액에서 가장 최선의 것에 아낌없이 지불하는 시장이기 때문에 베이비센터는 외국에서는 오래전부터 가장 중요한 콘텐츠로 다뤄왔다. 인터넷이 발달하기 전에는 오프라인 도서로 만들어서 판매될 정도로 오랜 역사를 가진 콘텐츠였는데 이걸 온라인으로 가져오는 시도를 한 것이다.

　단순히 물품만 파는 것이 아니라 개월 수에 따른 변화와 의학 정보를 함께 제공하고, 여기에 적절한 제품을 매칭해주면 궁금한 것이 많고 신뢰할 수 있는 콘텐츠를 원하는 산모들이 이곳에서 정보를 얻고 더불어 필요한 물품을 구매하는 데까지 올 수 있을 거라 생각했다.

해외 베이비센터 홈페이지(상)
11번가와 진행한 베이비센터 모바일 사이트 화면(하)

외국의 베이비센터는 무척 광범위한 자료를 담고 있다. 이 콘텐츠를 번역하는 것도 중요했지만, 한국의 현실에 맞게 재가공하는 과정도 필요했기에 쉬운 작업은 아니었다. 다행히 외국의 베이비센터를 인수했던 존슨앤존슨에서도 한국에서의 시장 확장을 원하고 반기는 상황이었다. 결국 이 베이비센터의 성공이 자사 제품 판매에도 영향을 줄 거라는 판단을 해주어서 사이트를 만들 수 있었다.

되새김질과 감침질

    사람이 일반적인 포유동물보다 뛰어난 이유는 여러 가지가 있겠지만 가장 특이할 만한 점은 상상력과 창의력이 있다는 점이다.

    생각까지는 사람 외의 생명체도 할 수 있고 인과관계에 의한 논리도 단순 논리 정도는 할 수 있다는 게 여러 연구를 통해 증명된 바 있다. 굳이 어렵게 증명된 논문을 찾아보지 않고 한두 개 특이한 동물들이 나오는 영상만 봐도 충분히 알 수 있는 사실이다.

    한때는 동물들에게 감정이 없을 거라 했었지만 이 역시도 아니라는 게 밝혀졌고 하다못해 식물도 감정적인 반응을 한다는 것이 알려진 후 인간의 특이점 영역은 상상, 창의력인 것으로 조금씩 좁혀져왔다.

그런데 전달을 제대로 하는 데도 이 창의력과 상상력은 오히려 해가 된다. 언젠가 이런 이야기를 들은 적이 있다.

어떤 사람이 오전에 토익학원 전단지를 무심결에 받아들고 출근을 했다. 아무 생각 없이 받은 전단지라 출근하자마자 그냥 책상 위에 올려두고 업무 준비를 하고 있는데 옆의 동료가 토익 공부할 거냐고 물어봤다. 그 사람은 별 생각 없이 받아온 거라 '글쎄요. 언젠가는 필요하겠죠?'라고 대답하곤 쓰레기통에 그 전단지를 버리고 깨끗하게 잊었다.

오전 근무를 정신없이 마치고 점심시간, 동료들과 함께 점심을 먹고 들어오는 길에 잠시 은행 업무가 생겨 좀 들렀다 가겠다며 일행에게서 벗어났다. 은행에 사람이 많아서 점심시간에서 한 5분 정도 늦게 들어와 앉아 오후 업무를 시작했다.

그리고 퇴근시간, 그 사람의 사수가 심각한 얼굴로 퇴근 전에 잠깐 얘기 좀 하자고 불러서 따라 들어간 회의실에서 그는 당황스런 질문을 받게 된다.

"아무개 씨. 이직 준비해요?"라는 질문이었다. 이직은 커녕 회사 업무에 바빠 다른 생각할 틈도 없는 그는 순간 당황해서 오히려 되물었다.

"제가요?"

너무 어이 없어하는 그에게 사수는 이직 준비 때문에 토익 보고 점심시간 이용해서 면접을 보고 온 게 아니냐고 물어봤다. 아침에 무심히 들고 온 토익 학원 전단지 한 장에 이 사람의 상상력, 저 사람의 창의력, 다시 또 다른 사람의 상상력과 창의력이 붙고 붙어서 완전히 다른 얘기가 되어 전달된 것이다. 물론 실제로 이렇게 사소한 일이 하루 만에 일파만파 크게 퍼지는 경우는 거의 없지만 그렇다고 해서 아주 없는 일도 아니다.

그래서 무언가를 전달할 일이 있으면 반드시, 꼭 두 가지를 기억해야 한다. 바로 되새김질과 감침질이다.

되새김질은 주로 반추동물이 소화하는 과정으로 1차 섭취된 내용물을 역류시켜 다시 한 번 씹고 넣고 하는 과정을 말한다. 기린, 사슴, 소, 양, 낙타 같은 동물이 여기에 속하는데 이 동물들을 보면 늘 뭔가 우물우물 씹고 있다.

무언가를 전달해야 하는 우리의 첫 번째 자세는 이 반추동물의 되새김질이다. 더하지도 빼지도 않고 딱 그만큼만 되새기고 또 되새기며 고스란히 소화될 수 있게끔 곱씹는 것. 이를 위해서 녹음을 하건 꼼꼼히 메모를 하건 간에 전달을 제대로 하려면 되새김질은 필수이다.

감침질은 바느질에서 홈질 다음으로 많이 쓰이는 방법이다. 홈질이 한 단계 건너 한 단계의 직선을 만들며 천 두 개를 잇는 방법이라면 감침질은 천과 천 사이를 휘감아서 용수철 모양으로 조여 가며 꿰매는 방식이다. 홈질이 중간 중간 비어 있는 것이 보인다면 감침질은 그 땀을 좁게 할수록 빈 곳 없이 꼼꼼하게 마무리된다. 꿰맨 후 천을 뒤집어도 뭔가 샐 자리가 없게끔 조밀하다. 무언가를 전달해야 할 때의 태도도 이래야 한다.

가끔 사실을 전달하는데 굳이 자기가 알아서 각색하여 전달하는 사람들이 있다. 그리고 이런 사람들은 꼭 중간에 자기가 생각하는 주석을 하나씩 집어 넣는다. 불필요한 과정이다. 내가 전달할 사실을 말해준 사람의 표정이 어땠는지 기분이 어떤 것 같았는지까지 전하는 건 오히려 전달하는 사실을 흐리게 만드는 감정적 전이만 만들 뿐이다.

내게 일을 다시 하라고 지시한 상사의 의견을 전달받으면서 그가 얼굴을 찡그렸는지 아닌지 짜증을 냈는지 아닌지 한숨을 쉬었는지 아닌지까지 알 필요는 없지 않은가. 왜 다시 하라고 했는지 어떤 이유 때문에 반려가 되었는지 어떤 부분을 중점적으로 수정해야 하는지만 알면 될 것을, 굳이 거기에 실린 감정까지 알아서 내 기분, 내 의지까지 꺾일 필요는 없다는 얘기다. 그러니 무언가를 전달할 때는 되새기고 감치는 것을 먼저 떠올리자.

단순의 미학

나는 어떤 의미에서는 대단히 복잡한데 어떤 의미로는 대단히 단순하다.

우주로 나가면 그 안에 우리가 채 알지도 못하는 복잡한 행성의 구조, 별의 운행, 자기장 폭풍으로 정신 못 차릴지 몰라도 이 지구에서 바라보는 우주는 그저 까만 판에 희고 반짝이는 별들이 촘촘히 박혀 있는 단순한 평면이 아닌가.

마케팅도 사실은 수많은 방법론과 화려한 형식이 가득해 보여도 본질은 간단하다. 내 것(물건이건 회사건 브랜드건)을 어떻게 하면 잘 전할 수 있는가. 결국 전달이라는 간단하고도 또 간단한 원칙으로 돌아오는 것이다. 그래서 때로는 가장 간단한 것이 아름답다.

SK플래닛 재직 시절 11번가의 11절 행사도 그렇다. 처음 11번가에 입사했을 때 제휴마케팅 업무와 더불어 중국의 광군제처럼 11월 거래액을 이끌 수 있는 행사 프로젝트를 기획해야 했다.

먼저 기존에 어떤 것들을 했는지 살펴보고 방향성을 잡기 시작했는데 11월에 맞게끔 구조화시킨 행사가 아니라 그냥 차별점이 드러나지 않은 행사를 하고 있다는 것을 알게 되었다. 당시에도 11절이라는 행사가 있었는데 아이러니하게도 외부 고객은 인지조차 못하고 오직 직원들만 알고 있었던 우습고도 슬픈 사실도 알게 되었다.

수많은 생각을 하다 결론을 낸 것은 추수 감사절이 단순하게 Thanks giving인 것처럼 11절 역시 땡스페스티벌로 가자는 것이었다. 땡이라는 글이 주는 의미는 땡스의 땡일 수도 있지만, 땡하고 가슴을 울릴 만한 큰 행사, 땡처리처럼 받아들여질 만큼 저렴한 가격과 많은 물건 등을 종합해서 포함시킨 단어였다.

결정 후 바로 시작한 것은 11월 11일 땡스페스티벌 십일절이라는 카피를 고객에게 각인시키는 작업이었다.

앞에서 말한 것처럼 누군가의 마음을 움직이려면 일단 기억을 시켜야 한다. 무엇인가 기억하게 해야 그 다음에 내가 원하는 것을 얻어낼 수 있지 않겠는가.

결국 11월 11일 당일까지 가기도 전에 시작한 첫 날 하루만에 460억이라는 11번가 최고 거래액을 달성했고, 고객들은 십일절이라는 네이밍을 기억하기 시작했다. 그 전까지는 전무했던 한국의 블랙프라이데이, 광군제의 시작을 열게 된 것이다.

이후 다른 경쟁업체에서도 비슷한 콘셉트를 만들어서 행사를 진행하기 시작했고, 11번가는 11절을 통해 업계의 시장을 리딩하는 경험을 얻게 되었다. 이후 2017년에는 십일절이라는 타이틀뿐 아니라 전야제, 에프터파티라는 개념까지 넣어 아예 11월 한 달, 쇼핑에 집중할 수 있는 장을 만들었다.

그 결과 2017년 11월 1일에 510억이라는 새로운 하루 거래액 기록을 세웠고, 이는 1분에 3,600만 원의 매출이 일어난 것과 같았다. 모바일 앱의 순방문자 역시 평소보다 50%나 증가한 180만 명에 달했고, 모바일 거래 비중도 70%를 넘어섰다.

고객들의 빠른 쇼핑이 적절한 프로모션을 통해 11번가라는 브랜드에서 이뤄졌으면 좋겠는 단순하고도 명확한 '십일절'이 제대로 전달된 효과였다.

그리고 그 해 11월 11일 당일 11번가는 640억이라는 이커머스 하루 최고 거래액을 달성했다. 2018년도에는 이 금액이 1,024억이라는 대한민국 이커머스 최고 거래액으로 갱신되었다. 이렇게 쌓여온 결과에 더해 2019년에는 SK텔레콤에서 주요 관계사 실적을 보고 수여하는 2018 Pride award에서 동상도 받을 수 있었다.

가장 간단하게 전달하고자 한 네이밍이 이커머스 시장을 주도한 핵심 키워드가 되었던 셈이다.

좋아하는 것과 잘하는 것

　좋아하는 것과 잘하는 것이 일치하는 사람만큼 행복한 사람은 없다. 다행히 나는 그런 사람으로 살아왔다. 고등학교 때부터 관심 있었고 좋아했던 광고와 마케팅을 업으로 삼고, 그로 인해 한 번 들어가기도 힘든 대기업을 몇 번씩 상승하며 이직할 수 있었다.

　사실 좋아하는 것과 잘하는 것이 일치하면 일의 행복도가 높아지는 것보다 훨씬 삶에 편리한 지점이 하나 생긴다. 바로 선택에 있어 망설임이 없어지는 것이다. 간단하다. 어디선가 일을 할 때 좋아하고 잘하면 그 일이 재미있겠는가 아니면 지루하겠는가? 당연히 재미있다. 이건 세상 모든 이치가 똑같다. 게임에 몰두하는 사람 중에 지루해 죽을 것 같은데 의무감에 하는 사람은 없다. 너무 재미있어서 놓지 못하고 그러다 보니 잘하게 되는 거다.

여기에서 한 가지 얻을 수 있는 팁은 하다 보면 잘하게 된다는 점이다. 내가 잘 못해도 좋아하면 자꾸 하게 되고 하다 보면 잘하게 된다. 좋아하는 것과 잘하는 것이 처음에는 일치하지 않아도 하다 보면 그렇게 되게끔 되어 있다.

후배 중 하나는 어렸을 때부터 피아노가 그렇게 배우고 싶었다고 한다. 집안 사정 때문에 배우지 못해 다 큰 어른이 되어서 쭈뼛거리며 학원에 갔다. 그리고 3개월 내내 시무룩해 있었다. 그렇게 하고 싶어 했으면서 왜 그러냐고 물었더니 너무 지루하다며 매일 가면 30분은 '하농'이라는 손가락 연습곡을 치는데 어찌나 지루한지 치다가 졸 판이라고 했다.

그래서 그 후배에게 그래도 하고 싶어 했던 거니까 한번 할 수 있는 데까지는 해보라고 하고 잊었는데 몇 년이 지난 후 그 후배가 자기가 연주하는 동영상을 SNS에 올린 것을 보았다. 깜짝 놀랄 정도로 잘 치는 모습에 나중에 물어봤더니 그 지긋지긋한 연습이 얼추 끝나니 손가락이

자기가 생각했던 것보다 건반에서 빨리 움직이더란다. 악보를 보는 게 익숙해지고 나니 그 지루했던 연습이 결국 손가락을 푸는 것이었음을 알게 되었고 그 다음부터는 맘껏 치고 싶은 곡을 연습할 수 있게 되었다고 했다.

좋아하니까 그래도 꾸역꾸역 한 거고 그러다보니 잘하게 된 것이다. 일도 마찬가지다.

나는 이 일이 너무 좋다. 누군가 내게 이 일이 아닌 다른 일하는 것을 상상해본 적이 있냐고 물었었는데 순간 너무 당황했다. 이런 질문을 받을 거라는 것조차 생각을 안 해봤을 정도로 마케팅이 아닌 다른 일하는 나를 생각조차 해본 적이 없어서였다.

이렇게 좋아하는 것과 잘하는 것이 일치하면 참으로 다행스럽게 세월이 지나도 본질이 크게 변하지 않는다. 전달에 있어 일관성이 생기는 것이다.

만약 누가 20년 전에 내게 마케팅에 관한 책을 써보자는 제안을 했어도 나는 마케팅은 제대로 잘 전달하는 것이라고 얘기했을 것이다. 그리고 아마 20년 후에 또 무언가를 주제로 책을 쓰더라도 지금 내가 얘기하고 있는 본질들은 그대로 살아 있을 거라 생각한다.

왜냐, 이 분야는 내가 좋아하면서 잘하는 분야이기 때문에 그렇다. 시대가 변화하면서 내가 느끼고 받아들이는 일의 깊이와 관련된 에피소드들이 좀 더 풍성해지고 달라질 수는 있다. 그리고 그때는 성공했던 방법이 나중에는 그다지 큰 성공을 가져오지 못할 수도 있다. 상황은 달라질 수 있고 그로 인한 결과도 달라질 수 있다.

그런데 좋아하고 잘하는 것에서 기인한 본질은 달라지지 않는다. 일정한 전달력을 지닌다. 그게 애정의 힘이다. 얼마 전 SNS를 살펴보다가 울컥해서 몇 번을 돌려봤던 영상이 하나 있었다. 한 요양원에 머물고 있는 치매에 걸린 할머니의 영상이었다.

젊은 시절에 발레를 했다는 할머니는 뼈와 피부밖에 남지 않았을 만큼 몹시 나이 들어 보였고 휠체어에 앉아 초점 없는 눈으로 멍하게 허공을 응시하고 있었다. 그런데 요양원의 간호사가 할머니에게 발레 음악을 틀어주자 할머니가 손으로 그 음악에 맞춰 발레 동작을 하는 것이 아닌가.

방금 전까지만 해도 툭 치면 쓰러질 것 같이 보였던 할머니가 손끝의 감정을 살려가며 너무 수려하고 아름다운 라인을 팔로 만들어 음계를 따라가고 있었다. 그리고 그 동작은 확실하게 발레의 감성을 고스란히 전달해 주었다.

자신이 좋아하고 잘하던 것은 환경이 바뀌어도 강력한 전달력을 갖는다.

만약 내가 전달력이 부족하다면 한 번 되돌아서 물어보자. 내가 전달하고자 하는 이것을 내가 좋아하고 잘하는지. 아니면 좋아만 하는지. 혹은 좋아하긴 하는데 잘하는 것까지는 아직 가지 못한 건지. 그것도 아니면 좋아하지도 않고 그래서 잘할 마음도 없는 것인지 말이다.

꿈의 로드맵

일을 하면서 만나는 가장 답답한 말 중 하나가 '고민하고 있습니다'이다.

혹자는 고민을 한다는 건 그 일에 대해 이런저런 방향을 생각하는 것인데 그걸 답답해하는 것은 너무 몰아붙이는 것이 아니냐고, 하지만 내 기준에서 '고민하고 있다'는 것은 '막막하니 그냥 시간이 흘러가기를 기다리고 있다'와 크게 다른 말이 아니다.

생각한다는 것은 결론을 향해 가장 빠른 길을 찾아가는 치열한 행위이다. 저 멀리 목표점이 있고 그 목표점을 향해 길의 상태가 돌밭인지 흙밭인지 가시밭인지 고려하지 않고 그냥 무작정 한 번 뛰어가 보는 것이 생각이다.

반면 고민은 뒷짐을 지고 그 목표점 즈음을 스윽 한 번 보며 제자리에서 맴맴 돌면서 '돌밭이면 아픈데…. 흙밭이면 더러운데… 가시밭이면 위험한데…'를 혼자 끝없이 되뇌이는 것이다.

그래서 고민은 아무리 해도 결론이 나지 않는다. 그리고 절대 완전히 해결되지도 않는다. 고민이 많은 사람은 한 가지 고민이 끝난 후 새로운 고민을 가지고 온다. 어디서 매일 고민 쇼핑이라도 하는 사람처럼 그 사람의 고민은 끝이 없다. 고민의 무한 반복은 결국 그 사람이 하는 게 결론을 위한 내달림이 아니라 제자리에서 종종거리기 때문이다.

고민이 아닌 생각을 제대로 하려면 어떻게든 결론을 빠르게 내리는 습관을 들여야 한다. 그 과정에서 계속 수정하고 자기 질문을 반복하는 것이 막무가내 같지만 가장 빠르게 일을 진척시키고 내가 가지고 있는 의견들을 남에게 정확하게 전달하는 방법이다.

그런데 이 생각이라는 것이 머릿속에 있을 때는 고민과 별반 다르지 않게 흘러간다. 드러내놓으면 고민인지 생각인지 구분이 가능한데, 실체가 모호하고 막연하다 보니 대부분 고민과 생각을 구분하는 것이 쉽지 않다. 이럴 때 가장 단순하면서도 빠른 방법은 뭐라도 꺼내어 실체를 만들어주는 것이다.

내 경우는 어렸을 때부터 습관적으로 일의 순서도를 적어왔다. 좀 더 시간이 지나 일을 하면서 내가 썼던 방법이 일종의 로드맵 그리기라는 것을 알게 되었지만 어렸을 적에는 그게 뭔지도 모른 채 그저 막연함을 없애고 좀 더 정확한 목표를 가지기 위해 기록을 했다.

사소하게는 메모처럼 매일 무엇을 해야 하는지, 일주일 뒤 한 달 뒤에는 무엇을 할 것인지를 써서 정리하기도 했고, 크게는 어느 학교, 어느 과에 가서 어떤 공부를 하겠다, 이 공부 끝에는 무엇을 해보겠다 같은 긴 로드맵까지도 기록하곤 했는데 신기한 것은 이렇게 계획했던 것들을 대부분 실행했다는 것이다.

썼다고 해서 다 이뤄지는 마법 노트는 당연히 아니고 곰곰이 생각해보면 이 역시 전달력의 일부가 아니었나 싶은 생각이다. 끊임없이 목적성을 구체화해서 스스로에게 전달한 것이다. 생각의 시작이 나이기 때문에 생각의 발화자와 생각 끝 목표의 수신자가 동일하기는 하지만 내뱉음으로 실체를 갖게 된 생각은 행동력을 얻는다.

실타래를 엮어 하나의 뜨개 작품을 만들어가듯 '이것을 하겠다'라는 첫 선언은 그래서 하기 위해 먼저 무엇을 할 것인지에 대한 다음 질문을 이끌어 내고 이 질문에 성실하게 대답을 이어가기만 해도 사실 대부분의 목표는 이룰 수 있다는 것이 내 생각이다.

사실 이런 로드맵 그리기는 일에 있어서도 마찬가지다. 첫 시작이 막막하지 않은 일이 어디 있겠는가. 오히려 막막하지 않으면 그건 일이 아니라 루틴한 습관일 것이다.

그런데 어떠한 일을 시작하려고 할 때 '아 이건 고민이 좀 필요하겠는데'라는 말을 먼저 떠올린다면 그 순간 스스로를 점검해봐야 한다. 그 고민이라는 것이 구체적인 목표점을 가지고 실행 가능한 것들을 구상하는 사고를 말하는 것인지, 막연하게 이런저런 생각을 늘어놓고 시간을 보낼 준비를 하는 것인지 말이다.

혹 지금 무언가 고민을 하고 있다면 일단 그게 버려야 할 고민인지 정말 실체를 만들어 밖으로 끄집어내고 목표점을 잡아 발전시켜 결론을 내려줘야 하는 생각인지를 먼저 빠르게 결정하는 것이 필요하다. 그러니 일단 손에 뭐라도 들고 써보자. 한 단어, 한 줄이 고민과 생각을 가르는 갈림길이 되고, 내 스스로에게 정확한 갈 길을 먼저 전달하는 가장 기본적인 전달의 시작점이 된다.

로드맵 목표 설정하기

과거의 나에게 배울 점	1	
	2	
	3	
	4	
	5	
과거의 나에게 아쉬운 점	1	
	2	
	3	
	4	
	5	
현재의 내가 과거의 내게서 가져오고 싶은 배울 점	1	
	2	
	3	
현재의 내가 과거의 내게서 가져오고 싶지 않은 아쉬운 점	1	
	2	
	3	
현재의 내가 미래의 나에게 주고 싶은 배울 점과 아쉬운점 각각 하나씩	주고 싶은 점	
	가져가고 싶지 않은 점	
위의 요소를 바탕으로 내 인생의 목적성 정하기		
나는 ( )을 하겠다. (가 되겠다.)		

로드맵 쓰기

이번 주에 해야 할 일		
습관처럼 해야 할 것	1	
	2	
	3	
목표 달성을 위해 시작할 것	1	
	2	
	3	

이번 달에 해야 할 일		
습관처럼 해야 할 것	1	
	2	
	3	
목표 달성을 위해 시작할 것	1	
	2	
	3	

이번에 해야 할 일		
습관처럼 해야 할 것	1	
	2	
	3	
목표 달성을 위해 시작할 것	1	
	2	
	3	

3년 안에 완수할 일		
습관처럼 해야 할 것	1	
	2	
	3	

목표 달성을 위해 시작할 것	1	
	2	
	3	
5년 안에 완수할 일		
습관처럼 해야 할 것	1	
	2	
	3	
목표 달성을 위해 시작할 것	1	
	2	
	3	
10년 안에 완수할 일		
습관처럼 해야 할 것	1	
	2	
	3	
목표 달성을 위해 시작할 것	1	
	2	
	3	

막연함에서 확실함으로 전달하는 법

앞에서 한 번 얘기했던 1.25 미라클 마켓은 사실 대학생 때부터 시작되었다. 그 아이디어나 프로젝트의 기간이 그렇다는 얘기가 아니라 내 마음 속에 있는 목표점이 그때부터 마련되어 있었다는 이야기이다.

대학교에 다닐 때 내 마음 속에 있었던 목표 중 하나는 깐느 국제광고제였다. 언젠가 깐느 국제광고제에 출품할 기회가 생긴다면 꼭 도전해봐야겠다는 생각이었는데 이 오랜 마음은 1.25 미라클 마켓이라는 프로젝트를 만나면서 구체화되었다. 아마도 본능적으로 '깐느'라는 확실한 목표를 언젠가는 이루기 위해 늘 염두에 두었기 때문이 아닐까 싶다.

망상과 공상, 그리고 상상은 비슷한 것 같지만 그 성격이 많이 다르다. 구체화되지 않고 현실적으로 이뤄지지 않은 머릿속 체계의 흐름이라는 점에서는 공통점을 가지지만 망상과 공상은 전혀 실현 가능성이 없는 생각이고 상상은 일말의 가능성에 대한 여지를 품고 있다.

사람은 누구나 상상을 한다. 광고는 그 상상을 밖으로 보여주는 작업이기도 하다. 좀 더 구체적인 이유와 방법이 상상에 더해지면 크리에이티브가 된다. 여기에 중요한 핵심이 있다. 상상까지만 가면 그건 조만간 망상 공상이 된다. 그런데 거기에 실제적인 행동이 더해지면 그때부터는 '상상은 이루어진다'가 된다.

인상 깊게 본 영화 중 〈월터의 상상은 현실이 된다〉라는 영화가 있었다. 조만간 폐간을 앞둔 잡지, 월터는 그 잡지에서 사진을 검수하는 아주 작은 일을 하는 남자다. 평범도 그런 평범이 없다. 그리고 그가 하는 일은 누구나 할 수 있다고 취급되는 소소한 것이어서 잡지사를 인수하러 온 경영자 눈에는 월터의 존재 자체가 눈의 가시였을 것이다.

월급만 받아가는 식충이 이상도 이하도 아니라고 생각

하며 내보낼 날만 호시탐탐 노리고 있던 그때, 유명 사진 작가가 찍어 준 잡지의 마지막 표지 사진을 찾아야 하는 미션이 떨어진다.

그때까지 월터는 망상과 공상을 하는 사람이었다. 그냥 막연히 사랑을 꿈꾸고 안정된 삶을 생각만 해보는 그런 사람. 그런데 당장 그 사진을 찾아야 하고 그러기 위해서는 어디 있을지 모를 사진작가를 찾아야 하는 구체적인 임무가 주어진 순간 그는 상상만 하던 일을 직접 해내기 시작한다.

화산이 펑펑 터지는 지대를 오르고 분란이 이어지고 있는 국경지대를 넘고 온몸이 얼어붙을 것 같은 설산을 오른다. 말 그대로 '월터의 상상은 현실이 되는' 것을 직접 경험하는 것이다.

구체화는 첫 한 걸음을 시작해야 가능해진다. 막연함을 방치하면 빛바랜 쓰레기가 된다. 뭐라도 하나 시도하고 시작해야 한다.

보통 회사를 다니며 이직을 준비하는 사람들의 첫 마디는 비슷하다. 어딜 옮기고 싶어도 너무 막연하다는 것이다. 솔직히 이해하기가 어렵다. 나보다 나를 더 잘 아는 사람이 세상에 어디 있겠는가. 그리고 나라는 사람이 어디를 가고 싶은지 무슨 일을 하고 싶은지 세상에서 누가 제일 잘 알겠는가. 바로 나 아닌가. 그런데 내가 내 입으로 막연하다고 하는 건 솔직히 그만큼 간절하지 않거나 마음이 없는 것이다. 절박함도 없고 망상 공상만 계속 반복할 뿐이다.

나는 이직을 해야겠다는 생각이 들면 무조건 그 회사의 임원이건 소개를 받을 수 있는 사람이건 최선을 다해 연락처를 알아낸 후 일면식이 있건 없건 메일을 쓰기도 했다. 솔직히 밑져야 본전 아닌가. 그리고 사람이란 다 똑같아서 기억에 남아 있으면 언젠가 그 기억과 나의 현실의 필요가 맞닿는 순간 나를 떠올려주기 마련이다. '아, 그런 사람이 있었는데 혹시 가능한지 한 번 연락해볼까?'라는 생각을 열 명 중 하나 아니 백 명 중 하나만 해줘도 성공 아닌가.

내가 언젠가 깐느에 가겠다는 마음을 먹고 그 기억을 간직한 채 살아오다 거기에 맞는 프로젝트를 발견한 순간 이를 연결했던 것도 같은 맥락이다.

막연함을 확실함으로 바꾸는 것. 막연한 사실을 확실하게 전달하는 것은 정말 단 한 줄의 글일 수도 있고 한 단어의 기억일 수도 있다. 모소대나무는 4년간 고작 3센티남짓 자라는 희귀한 대나무다. 아무리 정성을 들여도 심은 지 4년은 딱 3센티미터 정도만 자란다. 그런데 5년째되는 해부터 이 대나무는 하루에 자그마치 30센티미터가넘게 자란다. 자고 일어나면 키를 넘어 있고 또 자고 일어나면 집을 넘는 길이가 되어 있는 것이다. 그렇게 단 6주만에 15미터가 자란다. 4년간 그 대나무는 성장하기 위한힘을 응축하기 위해 확실하게 땅에 뿌리내리는 작업을하고 있었던 것이다.

우리의 막연함도 이렇게 구체화되어 뿌리 내려야 한다. 그래야 언젠가 준비가 되었을 때 존재감을 확실하게 세상에 전달할 수 있다.

첫 번째 설득과 전달의 대상은 나

마케팅을 하면서 늘 첫 번째로 검증해야 하는 대상은 다름 아닌 '나'이다. 트렌드의 최전선에서 제대로 팔리게끔 기획하고 전달해야 하는 입장이기에 예민한 자기 검증은 매 순간 꼭 필요한 요소이다. 특히 센스는 어디서 사 올 수 있는 것도 아니고 배울 수 있는 것도 아니기 때문에 취향이 센스가 되지 않고 습관이 센스가 되지 않게끔 늘 세상을 보고 공부해야 하는 의무감도 있다.

미즈노 마나부라는 크리에이티브 디렉터는 그의 책에서 센스를 '집적된 지식을 기반으로 최적화하는 능력'이라고 말한 바 있다. 쏟아져 들어오는 수많은 정보를 잘 취합해서 그 안에서 최선의 것을 뽑아내는 것이 바로 센스라고 얘기한 것인데, 이 때문에 조금이라도 시간이 나면

유튜브나 인스타그램, 틱톡, 각종 블로그를 보며 스낵 콘텐츠를 훑어보는 것이 이제는 습관이 되었다.

대중들은 예민하다. 그리고 너그러울 때는 한없이 너그럽지만 싸늘할 때는 또 뒤도 돌아보지 않을 정도로 싸늘하다. 그렇기 때문에 센스 있게 선을 지키고 센스 있게 필요 충족의 조건을 들이밀어 주는 것, 그 균형을 지키는 것은 쉽지 않은 일이다.

그래서 무언가를 기획하게 되면 관련 분야에 대한 책을 강박적으로 읽는다. 수많은 정보가 넘치는 세상이고 손가락 하나면 다양한 의견을 모을 수 있는 시대이기는 하지만, 그럼에도 불구하고 활자로 인쇄되어 책이라는 곳에 무게감 있게 담긴 정보에 대한 신뢰도는 여전하다.

마케터는 보다 나은 가치를 적절한 수단을 통해 세상에 내보내는 사람이기에 내가 하고자 하는 이 일이 정말 제대로 된 가치를 증명할 수 있는 것인지 계속 검증해야 한다. 이때 책만큼 좋은 검증 도구도 없다. 누군가가 심혈을 기울여 자신이 알고 있는 것을 검증 과정을 거친 후 담아낸 것이기에 이 안에서 얻은 지식은 비교적 신뢰할 만하고 그 사람이 가지고 있는 인생관, 경험 등을 내 것으로 빠르게 받아들일 수 있는 장점도 있다.

그래서 오히려 나는 학교 다닐 때 신문방송학을 복수 전공했던 이유와 동일한 선상에서 거의 모든 장르의 책을 가리지 않고 읽는 것을 선호한다.

만약 내가 기획해야 하는 마케팅이 야구에 관한 이벤트이면 야구의 룰, 역사를 담은 인문학 서적, 야구 선수의 자서전, 야구 공을 만든 장인의 인터뷰, 야구 선수가 주인 공인 소설과 영화, 야구 해설가, 야구 선수의 가족에 대한 이야기, 야구 선수에 얽힌 기사까지 장르를 가리지 않고 섭렵한다. 재미있는 것은 이렇게 한 분야를 넓게 아우르고 나면 분명 이 안에서 새로운 것이 나오고 누군가에게 내 의견을 전달할 때 불안하지 않게 된다는 것이다.

왜냐하면 수많은 자료를 보며 이미 스스로에게 수많은 질문을 하고 답을 내고, 이해가 되지 않는 것은 스스로 이해 혹은 포기의 과정을 거치며 내 스스로에게 충분히 전달의 과정을 거쳤기 때문이다.

남들에 비해 자기 허들이 높은 편이기도 하지만 내가

말한 것에 대해 누군가가 물었을 때 대답을 못하는 건 성격적으로 정말 싫어하는 편이라 더 철저하게 자기 검증을 거치는 것인지도 모르겠다. 분명한 건 이 시간들이 쌓여갈수록 내가 남에게 무언가를 전달할 때 가지는 당당함이 더 확고해진다는 점이다.

같은 맥락에서 여행의 경우 스스로에게 1차 전달을 하는 기회로 삼는 부분에 꽤 유용하다. 내게 가장 인상 깊게 남아 있는 나라는 호주다. 자연은 물론이고 그 안에 어우러져 있는 도시의 모습, 옛것과 현대의 문화가 어우러지며 과거가 현재에게, 자연이 도심에게, 다른 인종이 또 다른 인종에게 자신의 존재감을 무리 없이 전달하고 어우러진 느낌 자체가 나를 흥분시켰다.

여행을 가면 매 순간이 선택이다. 하다못해 아침에 일어나서 나갈까 아니면 그냥 늦게까지 잘까를 스스로에게 설득하는 것에서부터 이 집에서 밥을 먹을까 저 집에서 밥을 먹을까까지 생각 없이 이뤄지는 건 아무것도 없다.

그리고 여기에서 우리는 새롭고 새삼스러운 사실을 하나 깨닫는다. 예를 여행으로 들기는 했지만 사실, 삶 전반

매일의 생활이 긴 인생길에서 보면 여행이라는 점을 고려한다면 매 순간 우리는 스스로를 먼저 설득하고 때로는 포기하며 살고 있다는 사실이다.

아침에 일어났는데 지각이 아슬아슬하다면 누군가는 눈곱만 떼고 달려 나갈 것이고, 누군가는 에라 모르겠다 오늘은 전화로 월차나 내야겠다라고 생각할지도 모른다.

그리고 이 사소한 순간들 사이에서 내가 나를 어떻게 설득하고 나의 가치를 나의 행동에게 어떻게 전달하느냐에 따라 삶의 방향성이 조금씩 틀어진다. 일차적으로 내 생각을 행동으로 전달하는 것이 중요한 이유가 여기에 있다.

나도 스스로 어떻게 하지 못하면서 남을 어떻게 해보겠다는 건 과한 욕심이기 때문이다.

타깃 잡기와 타깃 확장하기

타깃은 마케팅을 하면서 늘 언급되는 내용일 것이다. 그리고 얼마나 효과적으로 비용 대비 효과를 볼 수 있냐라는 질문에 대한 답도 역시 타깃이 아닐까 한다.

하지만 나는 타깃만으로 진행했을 경우에는 해당 타깃에 대한 효과는 높겠지만, 전체의 거래액을 리딩하기에는 쉽지 않을 것이라고 생각한다. 물론 회사의 시스템이 좋아 타깃을 확장하여 각각에게 다르게 적용할 수 있다면 전혀 다른 이야기가 될 것이다.

하지만 보통 타깃 마케팅을 할 때는 소수 고객의 타깃만 잡고 전체 거래액 리딩을 생각하는 경우가 대부분이다. 안전하게 가는 것이다. 이는 해당 고객에게는 효과적으로 반응할지 모르지만 전체적으로 거래액을 움직이지는 못한다. 타깃을 타이트하게 세우되 여러 타깃을 공략해야 장기적인 성과를 기대할 수 있다. 이런 효과를 얻기 위해서는 우선 매스마케팅을 진행하면서 타깃 마케팅을 추가적으로 공략하는 방법과 타깃 마케터의 고객군을 여러 고객군으로 설정하여 그들에게 맞는 서비스나 재화를 제공하는 방법이 있다. 좁게 가서 길게 유지하느냐 혹은 넓게 가다가 점점 범위를 좁혀가느냐의 차이다.

물론 여기에는 약간의 전술이 필요하다. 매스마케팅 중에 간단한 할인 쿠폰의 예를 들어보자. 매스마케팅으로 할인 쿠폰을 사용한다고 해도 해당 쿠폰의 사용률이 80%로 높게 나타날 것이라고 생각할 수 있는데, 이는 주문 고객 대비 비중이 보통 20%, 사이트와 고객층에 따라 보통 50%가 최대가 아닐까 한다.

물론 행사 상황 및 쿠폰의 스킴(Scheme, 할인 쿠폰을 만들고 시뮬레이션을 돌릴 때 쿠폰의 허들과 할인 조건을 의미한다. 예를 들면, 10만 원 이상 구매 시 최대 1만 원 할인, 최대 10% 할인, 3만 원 이상 구매 시 최대 1만 원 등)에 따라 결과 값은 틀리게 나타난다. 그리고 해당 쿠폰으로 장바구니를 높일 수 있는 고단가로 설정하여 한 고객당 주문을 높일 것인지, 저단가로 설정하여 판매 개수를 높일 것인지는 회사의 상황과 마케팅하는 시점의 상황을 고려하여 설계해야 한다.

이렇게 보면 마케팅은 참 어려운 이야기가 될 수도 있다. 즉, 마케팅은 정해진 답이 아니라 고객에게 얼마나 반응할 수 있게 만들 수 있냐는 것이다. 이로써 빅데이터라는 개념이 들어오고 이 빅데이터라는 개념으로 기존 효과를 최대치로 뽑아내는 것이다. 나는 빅데이터를 부정하지 않는다.

하지만 가끔 마케팅에서는 크레이티브가 함께 접목하여 데이터에 없는 새로운 도전도 이루어져야 한다. 그래야 새로운 데이터가 쌓이고 이 데이터를 활용하여 더욱 효과가 높은 마케팅을 할 수 있기 때문이다.

결국 고객에게 내가 기획한 것을 제대로 전달하기 위해서는 충실한 자료도 필요하지만, 그 자료를 아울러 전달할 나의 창의성이 더해져야 한다. 특히 지금처럼 단 한 달, 아니 일주일, 더 냉정하게 말하자면 오전과 오후의 상황도 확신할 수 없는 시대에서는 더욱 변별력 있는 전달점을 가져야 한다.

최근 비대면이 유행처럼 번지면서 온라인의 거래액이 높아지고 있는 것은 누구도 부정할 수 없을 것이다. 하지만 이럴 경우 어떠한 마케팅을 하는 것이 맞을지 명확하게 결론내릴 수 있는 사람은 없을 것이다. 혹자는 온라인으로 고객이 몰려오니 마케팅 비용을 줄이고 최소화로 운영하자고 할 것이며, 다른 혹자는 이런 시기에 고객을 더 모시고 올 수 있도록 평상시와 비슷한 마케팅 비용으로 고객에게 더욱 접근하자라는 입장을 고수한다.

사실 어느 것도 틀린 답은 아니라고 생각한다. 하지만 이런 시기일수록 나는 오히려 원점, 내가 고객에게 무엇을 전달하고자 했고 고객은 내가 전달하는 것을 받고 어떻게 마음이 움직일까를 고민해야 맞다고 본다.

고객에게 조그만 감동의 서비스를 느낄 수 있게 만든다든지, 아니면 지속적으로 구매할 수 있도록 하는 것이 타깃 마케팅을 강화하는 것이다. 어느 하나의 목표점만으로 마케팅은 말할 수 없다. 모든 상황과 모든 부분을 함께 고려해야 최고의 마케터가 될 수 있다. 항상 나는 내가 하는 일에 기록을 세우기 위해, 즉 성과를 내기 위해 여러 가지 방법을 고민하고 새로운 방법을 고민했었다. 그리고 현재에도 그런 고민을 하고 있고, 미래에도 그런 고민을 하고 있을 것이다. 새로운 문화를 받아들여야 마케터로서 성장해 나가야 한다는 기본 개념 아래 굳건히 존재하는 것은, 그래서 이 새로운 문화를 누구에게 적용시킬 것이냐 하는 것이다.

타깃은 내가 팔고자 하는 사람이 아니다. 내가 진심과 진의를 제대로 전달해야 하는 사람이다.

Part 3

아는 사람에게
전달하는 방법

가족과 친구 설득이 가장 어려운 법

어렸을 때부터 나는 아버지의 전달력을 닮고 싶었다. 아버지는 두 가지 상황의 커뮤니케이션을 좋아하셨다.

첫 번째는 일단 이야기를 끊지 않고 잘 들어주는 것이었다.

잘 듣는 것.

쉬워 보이지만 정말 어려운 일이다. 특히 그 대상이 가족이나 친구일 경우에는 더 그렇다. 오히려 전혀 모르는 사람이나 일로 만난 사람의 이야기는 잘 들을 수 있다. 억지로라도 들어야 하는 상황이 많기도 하고, 듣고 나야 내가 반응할 수 있는 상황이 있기도 하고, 일단 상대에 대해 내가 말을 해버릴 만큼 잘 아는 것도 아니기에 즐겁게 듣거나 어쩔 수 없이 들어야 한다.

그런데 친구나 가족이 되면 좀 달라진다. 이미 내게 너무 익숙한 사람들이기 때문에 오히려 잘 안 듣게 된다. 그리고 그러려니 하고 서로 지레짐작해서 넘겨버리는 것도 많아져서 오히려 서로 뭔가 전달이 잘 안 될 때가 많다.

아마 부모님 혹은 형제자매와 이런 말을 하면서 싸워본 적이 한 번씩은 다 있을 것이다.

"아니, 그걸 꼭 말로 해야 알아?"
"난 당연히 알 줄 알았지!"

단언컨대 이 말을 하면서 억울해 했던 당신은 한 번도 그것을 말로 제대로 전달한 적이 없을 것이다. 혹 말을 한 적이 있어도 상대가 받아들일 만큼 확고하고 정확하게 전달한 적은 없을 거라 생각한다. 그리고 보통 이런 말을 듣는 사람들은 잘 듣지 않는다.

"왜 내 말은 귓등으로 들어요?"
"아니, 그러니까 내가 말할 때 좀 들으라니까?"

"거봐. 내가 말했는데 관심도 없었지?"

이런 말을 해보거나 들어본 적이 있다면 또 단언컨대
제대로 된 전달과 이에 따른 커뮤니케이션에 실패해온
것이 틀림없다. 상대의 말이 내 마음을 움직일 만큼 감흥
을 주지 못했거나 나 역시도 상대에게 똑같이 인상 깊은
전달력을 발휘하지 못한 것이기에.

그래서 난 아버지가 말 끊음 없이 고개를 끄덕이며 이
야기를 끝까지 들어주는 것이 참 신기했고 배워야 할 점
이라고 생각했다.

말이 많은 사람들, 특히 하소연을 하는 사람들은 전달
목적이 '사실의 전달'에 있지 않다. 이건 그냥 말을 하기
위한 구실일 뿐 그들은 정확하게 '마음과 감정의 전달'을
원한다.

마음속에 두 타래 분량의 얽히고설킨 이야깃거리가 있
는데 이걸 중간에 툭 자른다고 생각해보자. 그 사람의 마
음에 남아 있는 실타래가 끝까지 전달되지 못했는데 만
족할 리 만무하다. 그래서 이런 사람들은 자기가 말을 하

다 끊어져버린 실의 끝을 다시 찾는데 또 한참 돌아가고 그렇게 해서 실 끝을 찾으면 그걸 가지고 또 잇는데 한참 걸린다. 한 말을 또 하고 똑같은 표현을 반복하는 이유가 그래서 그렇다.

차라리 우리 아버지가 그러셨던 것처럼 상대방의 말을 툭 끊지 않고 끝까지 그냥 들어주면 엉킨 실 분량만큼의 이야기가 사라지는 것은 아니지만 적어도 잘 말린 둥근 실타래의 모양을 갖춰 정돈은 될 수 있다. 더 이상 시작 지점과 끝 지점이 애매한 한탄이 아니라 적어도 기승전결의 지점을 알 수 있는 이야기가 되는 것이다.

그래서 난 오히려 가족과 친구들에게 무언가를 전할 때 남에게 하듯 차분히 전달하려고 한다. 명확한 지점을 짚는 것은 물론이다. 그러려니, 가까운 사이니까 이해하려니 하고 넘어가는 것은 좋은 전달의 자세가 아님을 알기에 그렇다.

내가 아버지에게서 배우고 싶었던 두 번째 전달 방법은 빠른 피드백이었다. 들어줘야 할 사람의 말은 끊지 않고 들어주었지만, 빠르게 판단해서 응대해야 할 때는 누구보다 빠르게 반응하셨다.

그러기 위해 대화를 하건 어떤 일에 직면하건 최대한 주변 상황을 많이 수집해서 정보를 가지고 움직이셨다. 빠른 행동이 독선적이고 독단적인 실수로 이어지지 않게끔 하려는 것이었다. 빠르고 명확한 커뮤니케이션은 확실히 전달의 실수 역시 줄여준다.

회의나 비즈니스에서는 물론 가장 가까운 사람들에게 빠르게 반응해보자. 빠른 반응은 쓸 데 없는 오해를 줄여주고 당연히 가까운 사람들을 서운하게 만드는 횟수도 줄여준다. 내가 아버지에게 배운 전달에 대한 큰 교훈 두 가지다.

팀원과 팀장, 동료에게 전달하기

마케팅 업무를 하다 보면 가끔 내가 가지고 있는 관심 영역이 걷잡을 수 없이 넓어지는 것 같기도 하고 한정 없이 좁아지는 것 같기도 한 상반된 느낌을 동시에 받을 때가 있다. 가장 트렌디하게 반응해야 하는 분야이면서 인간의 가장 근본적인 감정의 흐름을 꿰뚫어야 하기 때문이다.

게다가 혼자서 결정하고 밀어붙일 수 있는 일이 아니라 다양한 필요와 수요 사이에서 균형을 맞추면서 그 와중에 한 끗 차이의 뛰어남을 드러내야 하다 보니 당연히 같은 이야기라도 본질은 유지하되 전달하는 방법과 톤앤매너를 조절할 수밖에 없다.

보통 이렇게 이야기하면 화술이나 커뮤니케이션 스킬

에 대한 조언을 기대하는데, 사실 더 근본적인 것은 전달의 힘을 어디에 둘 것인지이다.

대부분의 커뮤니케이션은 공감과 이해를 바라며 이 부분을 충족시키기 위한 방법들을 말한다. 하지만 소통보다 전달에 무게를 둔다면 이야기는 조금 달라진다. 전달의 목적은 상대를 이해시키는 것이 아니라 내가 말하고자 하는 것을 상대가 정확하게 인지하도록 만드는 것이기 때문이다.

무언가를 전달할 때는 예쁘게 말할 필요가 없다. 그렇다고 소위 말해 갑질을 하듯 말하거나 명령하듯, 윽박지르듯 말하라는 것이 아니다. 내 의견을 전달하기 위해 목소리를 높일 필요, 싸우듯 말할 필요는 없다. 다만 전달력을 떨어트리는 부차적인 요소를 덜어내는 것이 필요하다는 것이다.

전달력을 떨어트리는 요소는 다양하다. 더해진 상상, 강요하는 논리, 에둘러 가는 과정, 필요 없는 동조, 과한 배려, 괜히 만들어내려 애쓰는 공감 등이 그것인데 안타깝게도 이런 것들을 해야 좀 더 부드러운 커뮤니케이션이 가능하다고 생각하는 경우가 의외로 많다.

커뮤니케이션의 목적은 사교가 아닌 전달이다. 좀 더 잘 전달하기 위해 공감대도 형성해보고 분위기도 부드럽게 풀어보고 하는 것이지 이것들을 꼭 해야만 전달이 가능하다는 것은 아니다. 특히 일에 있어서 위에 나열한 요소들은 도움보다는 방해가 되는 경우가 더 많다.

더해진 상상은 쓸데없는 오해를 만들어낸다. 정확하게 사실만 담백하게 전했을 때는 굳이 신경 쓰지 않아도 되는 부수적인 요소들을 만들어 내기 때문이다. 강요하는 논리는 상사가 일을 나누어 줄 때 많이 더해진다. 소위 '라떼는'으로 시작하는 것들인데 분명한 것은 경험치가 주는 식견도 중요하지만 모든 일은 그 상황에 따라 얼마든지 변할 수 있다는 것을 염두에 두어야 한다는 점이다. 특히 마케팅의 경우 시대와 상황, 고객들의 빠른 변화에 맞춰 언제든지 새로운 것을 받아들일 준비가 되어야하는 분야이기에 강요하는 논리는 스스로를 점검할 때나쓰는 것이 맞다.

에둘러 가는 과정, 필요 없는 동조 역시 전달력을 저해

하는 요소이다. 지나치게 많은 미사여구로 묘사와 은유를 넣어 설명하거나 혹여 마음이 다칠까 걱정되어 빙 돌려 얘기하는 것은 전달력을 확연하게 떨어트린다.

내 이야기를 전달 받는 사람이 사회성이 지나치게 결여되어 있다면 이런 과정이 필요하겠지만 대부분은 심적인 배려보다는 정확하고 간결한 사항을 전달받는 것을 더 선호한다. 이와 결을 같이 하는 것이 과한 배려, 괜히 만들어내려 애쓰는 공감이다.

진심이란 참 무서운 것이어서 아무리 웃는 얼굴로 다가와도 그 안에 진심이 보이지 않으면 상대방은 귀신같이 '아, 저거 만들어낸 마음이구나'를 알게 된다. 때문에 진심이 담겨 있지 않은 배려와 공감을 할 자신이 없으면 차라리 이 부분을 배제한 채 담백하게 전달을 잘하는 법을 고민하는 것이 낫다.

간혹 내 의견을 전달할 때 한탄처럼 자기 상황을 길게 토로하며 공감대를 만들어주길 원하는 경우가 종종 있는데 분명히 말하지만 역효과이다. 특히 회사는 정확하게 목표를 가지고 그 목표를 이루고자 하는 사람들이 만난

공동체이다. 팀원들은 경쟁이면서 협력하는 사람들이고 팀장이나 그 위의 상사는 큰 그림을 그려 이끌어가고 결정하는 사람들이다. 이 안에서 무엇보다 중요한 것은 상황에 대한 정확한 공유와 모두가 동일하게 전달받는 사실이다. 여기에 누군가의 배려, 의견, 감정, 동조 등이 섞이면 말 그대로 동상이몽 속에 헤매게 되어버린다.

분명한 것은 팀 내에서 전달의 목적은 상대를 이해시키는 것이 아니다. 신속하게 목표점을 가게끔 정확하게 방향을 주는 것이다.

매뉴얼이냐 감정이냐

마케팅이 무엇인지를 찾으면 원론적인 얘기가 정말 많이 나온다.

4P(Product, Price, Place, Promotion)는 이미 너무 식상한 마케팅 원론이고 포지셔닝, 세분화 등의 용어도 식상해지기 시작했다.

마케팅에 대한 정의도 그렇다. '영업을 필요 없게 만드는 것이 마케팅'이라고 말했던 피터 드러커의 말이나 '가치를 창출하고 전달하는 과정을 통해 고객을 획득하고 늘려가는 것'이라고 말한 필립 코틀러의 말 역시 이제는 어디서나 제일 먼저 들을 수 있는 마케팅에 대한 원론적 이야기이다.

그렇다면 정말 마케팅은 어떤 것일까?

평생을 마케터로 살아왔고 앞으로도 마케터 외의 일은 생각도 하지 않은 내가 '왜 마케팅이란 무엇인가'라든지 '마케팅 잘하는 법' 혹은 '이런 것이 마케팅이다' 같은 이야기를 하지 않고 '전달력'에 대한 이야기를 하고 있을까?

세스 고딘이라는 마케터는 그의 책 《마케팅이다》에서 마케팅이 고객을 섬길 기회라고 이야기했다. 앞에서 짧게 이야기한 마케팅의 근원적 이야기와 다른 결이다. 그리고 오히려 세스 고딘의 섬김이 내가 전하고자 하는 전달력과 비슷한 맥을 가지고 있다.

매뉴얼은 가장 기본적인 원칙일 뿐 전부가 아니다. 그런데 간혹 마케팅 매뉴얼이라며 이것대로만 하면 무조건 마케팅은 성공한다고 말하는 사람들을 본다. 대단히 궁금하다. 그리고 정말 들어보고 싶다.

마케팅이 잘 파는 매뉴얼을 만들어 가치나 물건을 고객에게 많이 팔게끔 하는 방법론이라고 생각한다면 그 사람은 마케팅을 잘할 수가 없다. 판매는 영업이고 세일즈는 말만 잘해도 일단 어느 정도는 궤도에 오르기 마련이다. 발품 많이 팔아서 사방에 소문내고 한 번 쫓겨나면 두 번 찾아가서 자꾸 설득하고 안 되면 버티고 버티다 하나 팔면 끼워 넣어 두 개 팔고 그러다가 점점 더 많이 팔게 되는 것은 마케팅이 아니다.

마케팅은 내가 이걸 왜, 누구에게 어떤 감성을 담아 어떤 가치를 이뤄낼 것인가에 대한 시작부터 끝까지를 고민하는 과정이다. 당연히 그 모든 과정에서 사소하기도 하고 때로는 덩치가 크기도 한 다양한 전달이 이뤄진다. 잊지 말아야 할 것은 매뉴얼의 경우 감정을 배재한 것이지만 마케팅은 감정적 요소가 스며 있다는 것이다. 대상이 사람이라서 그렇다.

웹사이트를 만들면 테스트 단계에서 타깃을 중점으로 한 페르소나를 만든다. 가상의 인물이 웹사이트를 돌아다니며 직접 시뮬레이션을 해보는 것이다. 매뉴얼대로 기획했을 때 깨닫지 못했던 수많은 오류들이 이때 발견된다. 웹사이트를 구축하는 것은 매뉴얼대로 할 수 있지만, 이 안에서 활동하는 대상이 사람이라는 것을 잊으면 그 사이트는 결국 사양길로 접어든다.

비슷한 용어로 '디지털 빵가루'라는 말이 있다. 고객이 여기저기 쇼핑 사이트, 웹사이트를 돌아다니며 남긴 데이터 흔적을 이야기한다. 동화 〈헨젤과 그레텔〉에서 길을 잃지 않기 위해 두 남매가 조금씩 떨궜던 빵가루를 이제 우리는 우리도 모르는 사이에 디지털 세상에 뿌리고 사는 셈이다. 이 데이터를 분석하면 고객의 행동반경과 취향, 선호도 등을 얻을 수 있다. 이 분량이 방대해지면 바로 빅데이터가 된다.

아마 인터넷에서 무심히 검색했던 물건이 사이트를 옮겨갈 때마다 광고로 뜨거나 관심 상품군에 나타나는 것을 경험한 적이 있을 것이다. 이는 알고리즘, 매뉴얼에 의해 충분히 쉽고 간단하게 할 수 있는 '마케팅'이다. 그런데 많은 고객들은 이 광고를 클릭하지 않는다. 물론 정말 필요하고 망설이던 마음이 보는 순간 확신으로 바뀌어 클릭할 수도 있지만 대부분은 그러려니 하고 넘어간다. 그 광고가 마음을 움직이지는 못한 까닭이다.

때문에 이런 사람들의 마음을 잡기 위해 더 매뉴얼화하고 수치에 집중하는 이른바 퍼포먼스 마케팅이라는 것도 하고 있고, 이와 다르게 콘텐츠를 중심으로 브랜드의 스토리를 인지시키는 브랜드 마케팅도 하고 있다.

하지만 마케팅은 결국 매뉴얼이나 방법의 문제는 아니다. 이는 머리를 쥐어짜내는 아이디어로 충분히 보완이 가능하다.

모든 일이 그렇지만 마케팅 역시 본질은 마음을 움직이는 것이다. 그러기 위해 데이터를 써서 소비자의 활동 반경을 추적하고 수치로 유입량을 살피고 숫자로 증명된 충성도를 체크하는 것이다. 마케팅에도 감성을 담아야 한다. 그래서 소비자가 진짜 원하는 것을 받을 수 있게끔 해야 한다.

내가 주는 것이 아니라 그 사람이 받고 싶은 것을 줄 방법을 고민하는 것. 그 전달법을 찾아내는 것이 마케팅이다.

목표 지향적인 사람의 전달법

《삼국지》는 고전임과 동시에 명작이다. 그 안에 정말 세상의 모든 스토리가 담겨 있다. 물론 성경도 그렇다. 잘 아는 작가 한 명은 세상에서 가장 광범위한 이야기를 담고 있는 책으로《성경》을 꼽는다. 종교 때문에 그런가 싶어 이유를 물었더니《성경》안에는 인간이 찾을 수 있는 거의 모든 사건의 플롯이 있다는 대답을 했다.

창조, 징벌, 축복, 기적, 살인과 전쟁 등 인간이 겪을 수 있는 모든 경우의 수가 그 안에 있어서 단순히 종교적인 성격을 넘어 일종의 인생 전략전술서 같은 느낌이라는 설명에 고개가 끄덕여지며 납득이 되었다.《삼국지》도 그런데 전 세계에서 가장 많이 팔린 책인《성경》은 오죽하겠나.

《삼국지》와 《성경》 이야기를 꺼낸 것은 이 안에 담겨 있는 전략과 전술에 대한 경우의 수를 이야기하고 싶어서였다.

제갈공명은 전략의 대가였다. 그가 짜는 전략을 보면 정말 대단하다는 생각밖에 들지 않는 것이 기후와 지형, 상대방 장군의 성격까지 종합적으로 파악해서 '맞춤'으로 정확하게 작전을 짜기 때문이다. 그리고 이건 궁극적으로 마케팅의 전달력에 있어서 대단히 중요하게 배울 점이다.

전략은 목표 지향적인 상황에서 발생한다. 그 어원 자체가 아예 군대를 이끄는 기술이다. 군대라는 것이 무엇인가? 전쟁을 위해 양성한 사람의 집단 아닌가. 지금도 그렇지만 저 말이 만들어졌을 시대에는 전쟁은 '지면 죽는 것'이었다. 한 마디로 전략은 죽고 사는 문제에 닿아 있었던 절체절명의 단어였던 셈이다.

때문에 전략을 세우기 위해서는 당연히 목표 지향적일 수밖에 없다. 그리고 목표를 지향해서 빠르게 가려면 가장 단순하고 쉽고 명확하게 누구나 이해할 수 있어야 한다. 원하는 것을 얻기 위해 무엇을 해야 하는가. 얻기 위해 나아가는 동안 내 뒷통수를 칠 요소는 무엇이 있는가. 이 두 개만 빠르게 파악한 후 달려 나가는 게 전략가이자 목표 지향적인 사람의 특징이다.

그래서 모두가 우물쭈물하는 상황에서 이런 사람은 모두에게 한 줄기 빛이 될 수 있다. 목표 지향적인 사람은 전달력도 확실하다. 아니, 너무 확실해서 가끔은 불편할 정도로 군더더기가 없다. 이런 사람들이 만들어내는 마케팅은 대부분 돌직구다. 그런데 또 이게 시장에서 먹힐 때가 있다.

고민 고민해서 예쁘게 감싸고 미사여구 잔뜩 붙여서 내놓은 기획보다 차라리 툭 무심하게 던져 놓은 것이 고객의 마음을 흔들 때가 있다. 한때 유행했던 2인자 마케팅이 이와 비슷한 맥락을 가지고 있고, 최근 종종 SNS를 통해 빠르게 즉각 대응하는 브랜드의 위기관리 마케팅들이 그렇다.

한때 Avis라는 기업의 광고문구가 모두에게 신선한 충격을 준 적이 있다. 아예 대놓고 '우리는 2위입니다.'라고 광고를 했던 것이다. 2위지만 잘 할 수 있는 것, 더 좋아질 수 있는 가능성을 정확하게 고객에게 전달하고자 하는 목표는 충분히 달성했던 마케팅이었다.

'파타고니아'라는 브랜드는 아예 제품을 사지 말라고 광고한다. 그리고 자신들의 옷을 만들기 위해 필요했던 자원을 상세히 기재한 광고를 하고 있다. 이들의 목표는 정확하다. 브랜드가 지향하고 있는 가치인 환경에 대한 생각을 보여줌과 동시에 옷 하나를 만들어도 이렇게 공을 들이고 있다는 것을 동시에 보여주고자 하는 것이다.

국내 신발 브랜드 중 grds라는 곳은 특이하게 신발에 공정 이력서가 붙는다. 신발을 만든 가죽이 어디서 왔으며 어떤 공장에서 누가 다루었고 부속인 끈은 어떤 재료, 바닥은 어떤 재료로 어디에서 만들었는지에 대한 일종의 신발 구성에 대한 상세 설명이다.

이 역시 목표는 단순하다. '우리는 좋은 재료로 정직하게 장인의 손길이 닿은 신발을 만듭니다. 하나하나 사람의 탄생처럼 이 신발들도 탄생의 과정을 거쳤습니다.'를 이야기하며 '가치 있음'을 전달하는 것이다.

브랜드나 사람이나 목표 지향적인 성격을 가진 대상들

은 아주 단순하고 더불어 조금은 낯설다. 심플함에 약간의 낯설게 하기를 더하면 그건 나름의 독창성이 된다. 그리고 이러한 독창성이 꾸준함을 가지고 유지가 되면 그게 곧 브랜드의 성격이 되고 말하는 사람의 톤앤매너가 된다.

즉, 목표 지향적이라는 것은 핵심 가치를 단순 명확하게 전달하는 것이고, 여기에 독창성이 더해지면 받아들이는 사람은 명확한 울림을 얻게 된다.

너그러운 감정을 담은 전달법

언어는 정말 어렵다. 특히 뉘앙스라고 넓게 표현되는 감정의 영역은 아마 죽을 때까지 공부해도 완벽하게 숙지하지 못할 것 같다.

간혹 두 마디만 하는데도 기막히게 매 번 상대의 마음을 상하게 하는 사람이 있다. 놀라울 정도로 적중률이 높은 불쾌감을 준다. 솔직히 별 다른 말도 아니다. 그냥 일상적인 말인데 거기에 감정이 어떤 색으로 입혀지는가에 따라 마음이 뭉클해지기도 하고 뒷목으로 혈압이 오르기도 한다. 한 번 다음 말을 소리 내서 읽어보자. 재미있는 사실을 깨닫게 될 것이다.

"잘 하네."

"어이구."

"조심하지 그랬어."

"이게 전부야?"

"다시 한 번 살펴봐."

혹시 읽으면서 스스로 기분이 좋지 않았다면 평소 어떤 감정을 주로 담아 사람들에게 전달하고 있는지 한 번 반성해봐야 한다. 단편적이기는 하지만 위에 적은 저 말들은 담는 감정에 따라 상대를 정말 걱정하는 다정함이 깃들 수도 있고, 비아냥이나 강압이 깃들 수도 있는 말이다. '잘 하네'라는 말끝을 살짝 길게 끌며 미소가 머물렀다면 정말 칭찬의 의미가 전달될 테지만 '자알 하네'라며 앞을 끌고 뒤를 빠르게 맺음했다면 그건 비아냥의 느낌을 전달하게 된다.

그런데 이렇게 말을 놓고 읽어보라고 하면 습관적으로 자기가 평소에 많이 하던 대로 읽게 된다. 부지불식간에 내 전달 방법에서 고쳐야 할 부분이 드러나는 것이다.

꽤 장수했던 광고 중에 '고향의 맛'이라는 카피를 붙이고 나왔던 다시다 광고가 있었다. 조미료의 대명사처럼 다시다라는 브랜드명이 쓰일 정도로 모두에게 각인이 되었던 광고였는데, 여기에서 처음부터 끝까지 고수했던 것은 앞에서 말한 고향의 맛이었다.

당시를 호령했던 요리사가 나와서 최고의 요리, 궁극의 요리를 만들기 위해서는 이 조미료가 필요하다라고 말한 것이 아니라 '엄마가 끓여주는 된장찌개, 그래 이 맛이야!'를 외치게 만드는 정겹고 따뜻한 기억의 맛을 위해서 이 조미료가 필요합니다를 이야기했는데 이 부분이 그긴 시간 동안 소비자의 마음을 움직였던 것이다.

사람의 감정은 생각보다 울림이 빠르다. 그리고 그 울림은 전달도 빠르다. 사람의 마음을 움직이기 어렵다고 하지만 생각해보라. 스스로가 얼마나 감동을 잘하는지, 사진 한 장에 눈물을 글썽이는지, 사소한 말 한마디에 행복해하고 무심한 눈길 한 번에 서운해하는지를 말이다. 그렇게 얇게 흔들리는 마음을 다독이는 것이 부드럽게 감정적으로 다가가는 말 한 마디이다.

그렇다고 감정으로 점철된 과잉을 말하는 것은 아니다.

역시 입장을 바꿔서 생각해보자.

산책길에 만나는 사람이 하나 있다. 그냥 오며가며 동네 사람이라 눈인사 정도 하는 사람인데 늘 밝게 인사하며 지나가서 그 사람을 만나면 마음이 따뜻해진다. 그리고 그 따뜻함은 딱 여기까지여야 적당하다. 어느 날 그 사람이 더 환한 웃음과 함께 꽃도 한 다발 들고 나타나 건네준다면 그때부터 산책길은 물론 한 동네 사는 것조차 불편해진다.

앞서 말했던 목표지향적인 사람들의 전달법이 가치전달의 단순명확함이었다면, 너그럽게 감정을 전달하는 사람들의 핵심은 과유불급이다. 그리고 이 적정 선을 지키기 위해서는 반드시 말에 담긴, 표현에 담긴 감정을 평소에 조율하는 연습을 해보아야 한다.

핵심 전달은 한 문장으로부터

앞에서 감정을 평소에 조율하는 연습을 해야 내 감정을 담은 마음 혹은 말을 전달할 때 부족함이나 모자람이 없을 수 있다는 말을 했다. 사실 이 이야기를 했던 이유 중 하나는 최근 몇 년간 만나온 사회 후배들이 하는 전달법에 대한 답답함 때문이었다.

사람을 가장 팔짝 뛰게 하는 소통 전달의 방식 중 하나는 앞에서 한 이야기 다르고 뒤에서 한 이야기가 다른 것이다. 차라리 대놓고 거짓말을 하는 건 오히려 낫다. 거짓말은 판별을 하면 되고 공격을 하건 방어를 하건 응대가 가능한데 거짓말도 아니고 그렇다고 참말도 아니면서 기묘하게 배배 꼬아 에둘러 뒤통수를 후려치는 그런 종류의 말들이 가장 힘들다.

특히 일을 하면서 이런 소통 방식을 택하는 사람들은 기본적으로 자신이 겸손한 줄 알고 배려심이 많은 줄 안다. 겸손하고 배려심이 넘치니 상대의 기분을 상하게 해서는 안 될 것 같고, 상사가 얘기한 건 또 지켜줘야 할 거 같아 앞에서는 일단 긍정적으로 대답한다.

그런데 한 번 생각해보자. 대답이라는 것은 상대가 어떤 것을 제시했을 때 내가 내린 최종 결정에 대한 반응이다. 당연히 '네'라는 반응이면 수긍했다는 것으로 일차 받아들일 수밖에 없다. 긍정 반응이라고 생각한 후에는 그걸 기반으로 그 다음을 기획하고 계획한다. 이게 일반적인 소통의 수순이다.

만약에 첫 번째 제안에서 '아니오'라고 대답했다면 그 이유를 묻거나 포기하거나 설득하거나 합의점을 찾는 단계를 거치게 되는데 우리가 평소에 너무 편하게 하는 '네, 아니오'에도 이렇게 대화의 다양한 선택지가 존재한다. 그래서 대답은 확실하게 해줘야 하는 것이다. 애매한 대답 혹은 본심과 다른 대답은 전달과 소통의 시작점을 엉키게 만든다.

처음에 새로 맡은 팀의 업무를 꾸릴 때의 일이다. 기존에 하던 업무들의 진행 방식과 형태는 있었지만 좀 더 구체화시키고 체계를 갖추어 가는 일종의 빌드업 단계가 필요한 시기였다. 기존에 담당하던 사람은 그 업무에 대한 매력을 느꼈는지 아예 회사를 나가서 관련 업무와 유사한 형태의 회사를 만든 상태였고, 내부에 있는 인원과 그동안 했던 이력을 가지고 사회와 함께할 수 있는 사회적 책임과 회사의 이미지 제고라는 두 마리 토끼를 잡아야 하는 상황이었다.

거기에 이것만 주어진 것이 아니라 당시 각종 스폰서십 업무와 광고 진행도 담당해야 했다. 스폰서십의 경우 관련 행사 기간에 자사 광고를 넣고 이를 통해 효과적으로 고객에게 브랜드를 인지시키고, 그들이 더욱 확장될 수 있도록 함께 기획을 하거나 적절한 홍보의 기회를 만드는 일이었고, SM과 YG 등의 콘서트 역시 티켓팅이나 콘서트를 통한 다양한 브랜드 마케팅을 진행해야 했기 때문에 결코 적은 일은 아니었다. 때문에 팀원들 사이에서 일을 나누고 서로 주고받는 게 긴밀해야 했고 실수 없는 전달을 위한 서류작업도 만만치 않은, 그럼에도 불구하고 즐겁고 행복한 프로젝트들을 통해 좀 신이 났던 그런 시기였다.

당연히 프로젝트가 여러 개다 보니 팀원들끼리 담당하는 업무들이 다른데 앞에서 잠깐 말했던 것처럼 기존의 팀장이 있을 때와 같이 대부분 동일한 업무를 기본 전제로 하고, 업무가 잘 돌아갈 수 있도록 파악을 하였다. 팀을 개편하면서 항상 그렇듯 그 직원에게 의사를 물었더니 양쪽 일을 모두 하고 싶다고 대답했다. 하지만 한 사람이 모든 일을 할 수 없기에 한쪽 일을 담당하고 해당 업무의 성과를 더 높여달라고 하면서 원하는 업무 쪽으로 바꾸어 주려고 하였다.

나 같은 경우는 정말 크게 문제가 되지 않는 이상은 자신이 원하는 업무를 최대한 할 수 있는 방향으로 조율하는 편이다. 나 자신도 내가 좋아하는 일을 해야 더 성과가 나고 창의적인 부분이 발현되는데 다른 사람들도 그럴 것이라는 믿음이 있어서다.

계속 이야기하지만 소통이란 내 안에 확신이 없으면

그 시작조차 어렵다. 좋아하지 않는 일을 하는데 확신이 있을 리 만무하고 확신이 없는데 소통이 잘 될 리 없으며 소통을 잘 못하는데 일이 잘 될 수 없다.

인사가 만사라는 이야기가 있는 것처럼 일의 시작은 내가 이 일과 얼마나 잘 통할 수 있는가를 먼저 찾아가는 것이다. 그래서 될 수 있으면 본인이 더 하고 싶은 일을 하는 게 맞겠다 싶어 당시 조금 머리가 아팠음에도 불구하고 업무를 바꿔주었다. 그런데 얼마 뒤 다른 사람에게서 좀 당황스러운 이야기를 들었다.

자기는 해당 업무를 하고 싶지 않은데 팀장이 억지로 하라고 했다는 것이다. 순간 내가 제일 먼저 한 것은 그 직원과의 대화를 떠올려보는 것이었다. 혹시 내 안에서 재편집이 이뤄졌나? 아니면 내가 '저 사람은 해당 업무야!'라는 생각을 혹시 확신으로 착각하고 지시를 내렸나? 왜 나한테 한 말이랑 다르지? 등 정말 오만가지 생각을 다 시뮬레이션해 보았는데 아무리 생각해도 그와의 대화는 '팀장님 저는 2개 업무 중 더욱 좋아하는 업무에 배정해주세요'라는 것에서 시작, 내가 고민하다 허락한 것 이

상도 이하도 아니었다.

솔직히 지금 같으면 나도 그 직원과 내게 '그 직원은 변경될 업무를 하고 싶지 않대!'라고 전해줬던 사람을 한 자리에 두고 삼자대면이라도 하든가 직원과 내밀한 면담이라도 해서 어디서 전달이 어떻게 잘못되었는지를 알아냈겠지만, 솔직히 그때는 그럴 정신도 마음과 시간의 여유도 없었다.

그래서 몹시 찜찜하고 살짝 억울한 채로 그냥 넘어가고, 현재 맡은 일에 매진하는 것으로 나 혼자 그냥 마무리를 했다.

이렇게 아주 사소한 대답 하나가 누군가를 오랜 시간 찜찜하게 만들기도 한다. 전달이 잘못되면 시간 속에 머무는 마음도 꼬인다. 이 꼬임을 방지하는 건 아주 간단하다. 그냥 명료한 한 마디, 명정한 한 문장이면 된다. 어려운 게 아니다.

주제 파악과 전달

마케팅을 하다 보면 프로젝트 기획에 스토리 기획자가 필요할 때가 있다. 특히 요즘에는 영상, 툰 등도 많이 활용하고 있어서 브랜드가 기업의 핵심을 지속적으로 알리기 위해서는 큰 줄기를 잡아내고 이를 스토리로 풀어내는 일이 종종 필요하다.

보통 이런 프로젝트에는 스토리 기획자뿐 아니라 실제로 영상을 찍거나 편집하는 사람, 웹 디자인을 하는 사람, 오프라인 마케팅을 기획하는 사람, 온라인을 담당하는 사람, 카피라이팅을 하는 사람 등 다양한 분야의 사람들이 협력하게 되는데 이때 가장 중요한 것은 주제를 잡는 일이다.

그런데 이 주제라는 것이 너무 흔한 말임에도 불구하

고 실제로 하려면 꽤 어려운 부분이다. 주제를 선명하게 밖으로 드러내서 고객들에게 이야기하게 되면 찌질하거나 촌스럽게 되고 주제를 너무 숨기면 무슨 말을 하는지 전달을 못하게 되는 경우가 허다하기 때문이다.

물론 대놓고 B급 정서를 표방하는 것이 레트로 트렌드와 맞물려 통할 때도 있지만, 이 역시 전달을 어떤 형식으로 할 때 우리가 전하고자 하는 것을 효과적으로 드러낼 수 있을지 수백 수천 번 고민한 끝에 선택한 것임은 분명하다.

중요한 것은 주제라는 것을 어떻게 잡고 파악하느냐이다. 주제는 한 마디로 모든 프로젝트, 더 나아가 브랜드 자체, 더 나아가서는 회사의 구성원 그보다 더 범위를 넓히면 회사의 구성원이 응대하는 모든 거래처와 협력사, 고객까지도 한 곳에 모으는 큰 줄기의 핵심이다.

그렇기 때문에 이 주제를 확실하게 잡지 않으면 일단 그 프로젝트를 위해 모인 사람들이 모두 다른 아웃풋을 꿈꾸는 동상이몽이 되고 더 나아가서는 핵심을 잃고 표류해서 실패하는 프로젝트가 된다. 가끔 이 주제를 확실하게 하지 않고 유행하는 것, 일단 지금 한 번 해보면 좋을 것 같은 아이디어로 승부하려는 경우가 있는데 경험상 이건 대단히 위험하다.

브랜드는 지속 가능성을 반드시 지녀야 한다. 그리고 그 지속 가능성을 만들어 주는 것이 바로 주제이다. 글에서의 주제가 어떤 공격이 들어와도, 다 뜯어고쳐도 사라지지 않는 핵심의 한 줄인 것처럼 브랜드나 기업도 그렇다. 때로는 이 주제가 사훈이 되기도 하고 기업 이념, 설립 이념 등으로 표현되기도 한다. 그리고 알게 모르게 기업의 느낌, 즉 회사의 분위기를 만드는 것도 회사 전체에 흐르고 있는 이 주제의식이다.

회사마다 가지고 있는 분위기가 다른 것은 이 주제의식이 다르기 때문이다. 내 경우 많은 기업들을 옮겨 다니며 꽤 다양한 기업 문화를 접하고 이를 기반으로 온도 차가 각기 다른 마케팅을 실행하기도 하고 경험하기도 했다. 개인적인 느낌이기는 하지만 월마트는 정말 글로벌이라는 단어에 어울리는 곳이었다. 도전이라는 것을 맘껏할 수 있는 분위기였고 덕분에 그곳에 있을 때는 글로벌과 도전이라는 주제 아래 많은 것을 실험적으로 해볼 수 있었다.

신세계는 내게 윤리와 신뢰였다. 당시 내가 책임을 크게 느껴야 하는 직급이 아니었음에도 일을 하면서 계속 윤리와 신뢰에 대한 주제를 곱씹었던 기억이 있다.

롯데의 경우는 오히려 신세계보다는 좀 더 자유로웠다. 내면적인 것보다는 외면적인 것에 좀 더 공을 들이는 문화였던 것으로 기억된다. 때문에 남들에게 전달하는 퍼포먼스 면에서 좀 더 화려하거나 눈에 띄는 것을 주제로 많이 가져왔었다.

이후 옮겨간 이베이는 정말 확고한 주제가 있는 곳이었다. 도전과 창조였다. 사장님조차도 우리가 온라인 업계 1위다. 우리가 새로운 것을 창조해서 쇼핑몰 시장을 이끌어야 한다. 선두주자가 되어야 한다는 것을 계속 강조했고 그 덕에 일하는 사람들이 모두 엇비슷한 주제의식을 가지고 뛸 수 있었다.

SK플래닛, 11번가는 대체적으로 온화함을 기질로 가지고 있다. 친근하게 보다 인간적인 부분을 주제로 삼는 경우가 많아서 동경보다는 동의와 편안함을 추구하는 게 강했다.

주제에 대해서 이렇게 길게 이야기하고 있는 이유는 하나다. 주제를 제대로 파악하지 못하면 전달은 시작부터 실패의 수순을 겪기 때문이다.

아주 간단한 예를 들어보자. 엄마가 심부름을 시켰다. 그날 따라 다 귀찮았던 엄마는 "콩나물 사와! 두부도 사와! 북어채도 사와!" 하고 정확하게 상품을 말해주지 않고 이렇게 이야기했다.

"그거 있잖아. 아빠 술 드시고 다음날 찾으시는. 그거 만들게 재료 좀 사와."

엄마에게 돈을 받아든 아이가 잠시 생각하다가 아! 하고 신나게 마트로 뛰어간다. 그리고 조금 있다가 양손 무겁게 뛰어오며 자랑스럽게 외친다.

"엄마! 아빠 해장술 사왔어!"

엄마는 기함할 노릇이지만 사실 아이가 잘못한 건 없다. 왜냐, 아이의 아버지는 술 먹은 다음날 꼭 막걸리 한 사발을 해장술로 마셨고 아내가 끓여준 북어콩나물국도

먹었으니까. '아빠의 해장'에 대한 메인 키워드를 아이는 해장술로 잡고, 엄마는 북어콩나물국으로 잡았을 뿐 누구 하나 틀린 건 아니다. 다만 주제를 확실하게—심부름할 거리를 정확하게—집어주지 않아 다른 생각을 했을 뿐이다.

심부름 하나도 이럴진대 수많은 사람이 오랜 시간에 걸쳐 다양한 타깃군을 향해 막대한 비용을 들여야 하는 일은 오죽하겠는가. 주제 파악을 빠르게 먼저 하고 그 주제를 효과적으로 전달할 방법을 찾는 것은 이렇게나 중요하다.

답답한 사람들에게 명확하게 전달하기

　사람을 타입으로 나누어 성향을 알아보는 테스트는 몇 년간 꾸준히 소비되어 온 콘텐츠이다. 아마 앞으로도 계속 소비될 콘텐츠라 생각한다. 별자리나 혈액형처럼 애매하게 보편화시켜 재미로 볼 수 있게끔 하기도 하고 보다 과학적, 심리적으로 활용하는 MBTI나 애니어그램 같은 콘텐츠도 있다.

　그만큼 사람 마음 알기가 어렵고 내 마음 같지 않고 전달하는 데 있어 답답함이 가득하기 때문에 어떻게든 유형이라도 만들어 학습하고자 하는 욕구가 만들어낸 현상이다. 회사에 따라서는 이런 테스트를 아예 대놓고 실시하는 곳도 있다. 비슷한 사람들끼리 모아놓아야 시너지가 나는 그룹이 있고, 서로 다른 사람들끼리 모아두어야 성과가 나는 분야가 따로 있기 때문에 인사 발령이나 팀 구성 때 이런 정성적 자료들을 활용하는 것이다.

결국 인사가 만사이고 그들 사이에 원활한 전달, 소통이 일을 잘하게 만드는 원동력이라는 공통된 생각에서 일어나는 일들인데, 이 부분에 대한 것은 솔직히 반은 신뢰하고 반은 마음의 위안거리라고 생각한다.

MBTI는 익히 알다시피 사람을 16가지 유형으로 나누는 테스트이다. 용의주도한 전략가, 논리적인 사색가, 대담한 통솔자, 뜨거운 논쟁을 즐기는 변론가, 선의의 옹호자, 열정적인 중재자, 정의로운 사회운동가, 재기발랄한 활동가, 청렴결백한 논리주의자, 용감한 수호자, 엄격한 관리자, 사교적인 외교관, 만능재주꾼, 호기심 많은 예술가, 모험을 즐기는 사업가, 자유로운 영혼의 연예인이 그 타입이다. 짧게는 12~15분, 길게는 1시간 내외의 심층적인 질문지에 답을 하는 것으로 자신의 유형을 파악하는 것이다.

해본 사람은 알겠지만 비슷한 질문인데 유형을 좀 바꿔서 재질문을 하는 경우도 있고, 어떠한 상황에서 취향과 논리, 의지에 따라 선택하는 질문들이어서 성향의 평균을 내는 형식이다.

비슷하게 활용되는 것 중 애니어그램이라는 것도 있다. 애니어그램은 아홉 가지의 성격 유형을 기하학적 도형으로 표시한 것인데 아홉 개의 점이 각각 내가 가진 성향을 나타내고 그중 세 개의 자아에 치중된 결과가 도출된다.

세 개의 자아는 본능, 사고, 감정이고 이는 다시 어느 방향으로 도형이 치우쳤느냐에 따라 조력가, 선동가, 예술가, 사색가, 충성가, 만능가, 지도자, 조정가, 개혁가 등의 성향이 나타난다.

재미있는 연구 결과 중 하나가 이 애니어그램을 통해 나온 적이 있는데, 바로 사고 중심에 치우친 도형을 가진 사람들은 감정 중심으로 치우친 도형의 사람들을 대단히 답답해한다는 것이었다. 사고 중심의 도형을 가진 사람은 사실은 사실로 받아들이고 전략과 신념에 관심을 갖는 사람들이기 때문에 감정적으로 다가오는 사람들을 '과잉감정' 혹은 '너무 친절한 사기꾼'으로 바라보게 되고 이런 사람들과 대화하면서는 '이 의미 없고 지루하며 허무한 이야기는 언제 끝날까? 답답하다.'는 생각을 하게 된다는 것이다.

군이 애니어그램이나 MBTI로 증명하지 않더라도 충분히 내 주변에서 이런 사람들을 찾아볼 수 있다. 특히 일을 하면서 뭔가에 대해 지적을 했는데 거기에 대한 첫 반응이 '서운해요'라든지 '제 마음은 그게 아니었어요'라고 나오면 순간 몹시 당황스럽다. 이런 사람들은 일 못해서 지적을 한 것도 자기 자신에 대한 공격으로 종종 받아들이는데 그러다보면 소통은 점점 산으로 간다.

나는 이게 잘못되었고 저걸 고쳤으면 좋겠다는 이야기를 하고 있는데 상대는 내 말투가 싸늘해서 무섭고 단어 하나가 상처가 되었고 톤앤매너가 맘에 안 들어서 일단 마음이 상했다고 하면 그 다음에 드는 생각은 우선 '아, 이 사람이랑은 일하기 힘들겠다.'라는 것이다.

물론 서운함을 표현할 수는 있다. 그런데 그걸 먼저 드러내는 것이 옳은 전달법은 아니다. 답답한 사람들은 대부분 전달의 순서를 제대로 잡지 못한다. 우선순위 없이 그냥 내 마음이 흐르는 대로 감정 먼저 툭 던져놓으니 그걸 받는 사람은 순간 당황할 수밖에 없지 않겠는가.

역으로 이런 종류의 사람들을 만나면 '아, 이 사람의 전달법은 내게 있어 좀 답답할 수도 있겠구나' 하고 한 발 물러섬도 필요하다. 내가 그들을 답답하게 하는 사람일 수도 있고 그들 때문에 내가 답답할 수도 있고, 결국 소통이란 서로가 달라서 그 결을 맞춰가는 과정이니 말이다. 어쨌거나 원하는 바를 잘 전달하려면 나와 상대가 다르다는 것을 일차적으로 인지하고 그의 타입과 나의 타입이 만나는 중간 지대를 조율해야 한다.

그래서 답답한 사람에게 명확하게 전달을 하려면 우선 내 방식에 그의 표현 방식을 수긍하는 첫 번째 단계가 필요하다.

감정적 위로를 원하는 사람에게는 싫더라도 슬쩍 한마디 '서운해하지 않았으면 좋겠다'라든가 '이런 말을 하는 나도 마음이 좋지 않다'라든가 '속상한 건 충분히 이해하지만' 등의 말을 붙이면 좋을 것이다. 나는 감정적인 사람인데 상대가 그렇지 않다면 최대한 담백하게 사실에 대한 것만 격하지 않은 목소리와 톤앤매너로 전하면 될 일이다.

답답하다는 것은 나와 통하는 통로가 막혀 오도가도 못해서 생기는 감정이다. 통로를 뚫는 것은 결국 서로 만나는 작은 지점 하나를 만들어 넓혀가는 것이 가장 빠름을 잊지 말자.

마인드와 전달력의 상관관계

유난히 급한 사람이 있고 또 유난히 느긋한 사람이 있다. 성격이라고 뭉뚱그려 이야기하지만 사실 이것이 사회에 나오면 성격이라기보다는 그 사람의 마음가짐에 가깝게 된다.

회사생활을 하다 보면 어느 회사든지 본인의 일에 대한 욕심과 성과 욕심이 있는 사람들이 있다. 이는 회사가 성장하기 위해 꼭 필요한 인력이다. 하지만 자기 욕심이 크고 성과에 대해 민감한 사람일수록 오히려 회사의 방향이나 비전을 크게 보지 못하는 경우가 있다. 나무를 보며 계속 그 나무에 달린 열매에 집착하느라 숲을 보지 못하는 것과 똑같다.

이런 사람들에게는 오히려 단편적인 미션 수행을 전달

하는 건 어렵지 않다. 소위 단타 치는 건 잘한다. 문제는 큰 기조가 바뀌었을 때다. 마치 내가 지금까지 따 먹었던 사과나무 숲을 일시에 갈아엎고 지금부터는 덤불에서 알아서 찾아 먹어야 하는 산딸기 숲을 조성할 거라는 이야기를 들은 것처럼 뭘 해야 할지 불안해하거나 회사가 이상해졌다며 분노한다. 그리고 꼭 이 말을 덧붙인다.

"내가 왜 그것까지 알아야 해?"

불행하게도 회사를 다니는 사람은 임원에서 사원까지, 전 부서가 그것까지 알아야 한다. 그래야 전달이 원활한 회사가 된다.

특히 마케터는 '그것까지 알아야 하는' 것은 물론이고 '굳이 그것까지'라는 것도 알아야 한다. 회사의 정수가 담긴 무언가를 팔거나 알리거나 담아내는 작업을 하는 사람들이기에 소위 회사의 속까지 알아야 그 안에서 무엇을 드러내고 무엇을 숨길지에 대한 판단을 할 수 있다.

한번은 회사의 방향이 아예 '우리는 무조건 수익을 중심으로 한다'라고 바뀐 적이 있었다. 이미지 제고나 브랜드 업그레이드 부분은 일단 미뤄두고 수익 구조 중심으로 만들어야 했다. 그러다보니 co-marketing을 할 때든지 입점을 시키는 경우에도 사용 비용과 수수료 협상이 필요하게 되었다.

그런데 회사의 방침이 이렇게 바뀌었음에도 불구하고 꼭 고집을 부리는 사람이 나타난다. 자신의 업무에만 빠져서 회사의 비용 구조는 생각하지도 않고 오히려 우리의 비용을 더 투자해서 뭔가를 만들어야 하는 협상을 하는 것이다.

그들에게도 논리는 있다. 아무리 수익 구조가 중요하다 하더라도 미래를 위한 투자는 해야 하고 가치에 대한 투자는 아까워해서는 안 된다는 것이다. 그런데 그건 회사의 가치와 투자가 아니다. 엄밀하게 말하면 회사를 등에 업고 내가 추구하는 개인적인 신념이다. 그 개인의 신념에 왜 회사가 투자를 해야 하는가.

냉정하게 말하면 회사는 수익을 내기 위한 곳이다. 그럼에도 자기 생각과 업체와의 관계, 성과 달성에 목마른 사람들은 이 말에 수긍하지 않는다. 내 경우에도 같이 일하는 직원 하나가 위의 상황을 그대로 한 번 재현한 적이 있었다. 아무리 상황과 비용 구조를 설명해도 소용이 없었다.

원래 이런 식으로 일이 꼬이는 것을 싫어해서 중간 중간 귀찮을 정도로 업무 체크를 하는 편인데, 워낙 열심이고 열정적으로 일을 밀어붙이는 직원이라 믿었던 것이 화근이었다. 결국 직접 나서서 입점 자체의 수수료를 재협상했고 회사의 기조에 맞게 다시 틀을 잡느라 일을 이중으로 한 경험이 있다.

만약 내가 "나는 마케터니까 그냥 잘 팔 수 있게 브랜드나 상품 홍보를 잘하면 되잖아요. 그러려면 돈 써야 하는 거 당연한 거니까 좀 쓰겠습니다! 회사 기조는 난 모르겠네요!"라고 했다면 직접 협상하는 일 같은 건 없었을 것이다.

하지만 마케터 역시 비용 관리뿐 아니라 냉정한 시선으로 회사의 전체 흐름, 내 업무의 흐름을 볼 수 있어야 한다. 열정의 마인드가 눈을 가려 남들과 소통이 안 되는 이상한 마이웨이를 만들게 방치해서는 안 되는 것이다.

이렇게 열정만큼이나 또 곤란한 경우는 또 다른 의미

의 열정을 지닌 사람들이다. 바로 감정 집약적인 태도를 지닌 사람들인데 간혹 본인의 감정에 북받쳐 업무 보고나 일을 중단하는 사람들이 있다. 회사에서는 일을 하고 보고를 해야 하지 않는가? 물론 보고의 레벨에 따라 어디까지 할지 말지를 결정한다. 하지만 보고 과정에서 본인의 방향과 맞지 않는다 해도 업무는 진행되어야 한다. 그런데 이 부분을 뭉개는 사람들이 가끔 있다.

그냥 기분이 나쁘니까 안 하는 거다. 말이 안 된다고? 의외로 많다. 이런 경우 감정 관리를 함께 해주기는 하지만 모두를 상당히 피곤하게 만드는 일이다. 일에만 집중해도 모자랄 판에 감정 유치원 선생까지 하고 있는 것은 너무나 소모적인 시간이다.

특히 마케터는 자신이 낸 아이디어를 자식처럼 사랑하는 사람들이 대부분이다. 그래서 그 아이디어가 담긴 기획을 전달할 때는 내가 낳은 아이를 선보이는 것처럼 기대하고 설레어한다.

만약 호평과 함께 잘 전달이 되면 기쁜 건 당연하고 혹 반려되거나 전달이 잘 되지 않으면 대단히 실망한다.

분명 일이 거절된 것인데 마치 내 존재가 거절당한 것처럼 힘들어하는 사람들이 있다. 그리고 이런 사람들이 꼭 감정이 상해서 보고를 그냥 넘겨버리거나 미룬다.

결코 감정이 태도가 되어서는 안 된다. 특히 회사는 감정을 전달하는 곳이 아니다. 정확하게 업무를 주고받고 그 안에서 감정이 발생되면 그건 각자의 몫으로 누리건 버리건 선택하는 곳이다. 그러니 부디 감정 전달에 더 치중하는 일이 없길 바란다. 바르게 발현되지 않은 감정은 전달력의 추진을 감소시키는 가장 큰 원인이다.

듣지 않는 자, 전달도 못하는 법

경청.

한동안 서점가를 휩쓸었던 단어다. 서점가뿐 아니라 연계해서 리더십에 각종 강연까지 얼마나 남의 말을 안 듣는 사람이 많았으면 저 경청이라는 단어 하나가 모두를 들썩이게 했고, 지금도 여전히 중요한 화두로 자리 잡고 있다.

경청의 사전적 의미는 단순하다. 잘 듣는 것이다. 그런데 《산업안전대사전》에는 이 의미가 좀 더 깊게 기술되어 있다. 바로 '상대방의 말을 듣기만 하는 것이 아니라 상대방이 전달하고자 하는 말의 내용은 물론이며 그 내면에 딸려 있는 동기나 정서에 귀를 기울여 듣고 이해된 바를 상대방에게 피드백하여 주는 것'이다.

사실 전달의 모든 비법이 이 정의 안에 담겨 있다. 그래서 잘 듣지 않는 사람은 잘 전하지도 못한다. 언젠가 한 작가가 브랜드 마케팅 스토리, 커뮤니케이션 등에 대한 강의를 하면서 우스갯소리로 이런 이야기하는 것을 들은 적이 있다.

"말싸움에서 어지간하면 지지 않는 방법이 하나 있어요."

스토리텔링 이야기를 하다가 갑자기 말싸움 이야기를 시작하니 처음에는 이게 무슨 소리인가 했는데 듣다 보니 그럴 수도 있겠다는 생각이 들었던 건 이어진 이야기에서였다. 말인 즉슨, 대부분 말싸움은 목소리가 큰 사람이 이긴다고 생각하지만 사실은 잘 듣는 사람이 이긴다는 것이었다. 일단 흥분해서 마구 쏟아내는 사람의 이야기를 잠자코 듣다가 딱 이것만 세 번 물어보라고 했다.

"그래서 지금 하고 싶은 이야기가 뭔데?"

그것도 아주 차분하게 중간 중간 하고 싶은 이야기를 정리해서 다시 말해보라는 대답만 건네면 흥분해서 떠들던 상대가 일단 좀 차분해지고, 자기가 하는 이야기를 앞에 있는 사람에게 잘 전달하기 위한 방법을 본능적으로 찾게 되고 더 나아가 자기 말의 주제를 순간 고민하게 된다는 것이었다.

모든 스토리에는 주제가 필요하고 이 주제를 파악하려면 잘 들어야 한다는 말을 하기 위한 예시였고, 그 속에서 내가 인상 깊게 들은 것은 '계속 듣고 있다'라는 부분이었다. 하다못해 말싸움을 할 때라도 제대로 듣는 사람이 승기를 가져간다라는 것에서 뭔가 크게 느껴지는 바가 있지 않은가.

우리 모두는 정말 하고 싶은 말이 많은 사람들이다. 특히 마케팅하는 사람들은 어디 가나 티가 난다. 술자리에서건 모임에서건 가장 활발한 분위기를 조성하기 때문이다. 트렌드, 새로운 아이디어, 최신 유행하는 것들에 대해 신나게 말을 이끌어 나가는 사람들은 대부분 이 분야와 관계가 있다. 그런데 오히려 잘 듣는 사람은 좀 드물다.

자기 안에 활화산처럼, 용암처럼 끓어오르는 것이 많은 사람들은 그걸 빨리 밖으로 전달하고 싶어서 안달이 난다. 입을 열어 전하지 못하면 답답함으로 폭발할 거 같은 느낌을 받는다. 하다못해 말을 못하면 SNS에라도 쏟아 놔야 숨을 좀 쉴 수 있을 거 같은 그런 사람들이 있다. 대부분 빠르게 반응하고 즉각적인 순발력이 있는 사람들이 그렇다.

이런 사람들은 비슷한 경력의 다른 사람들과 비슷한 업무 출발선상에 놓았을 때는 단연코 눈에 띈다. 다들 어리바리하게 할 말 못하고 제 자리 못 찾을 때 혼자 마구 쏟아내고 달려가니 얼마나 튀겠는가. 그런데 시간이 지나면 달라진다.

듣지 않기 때문에 자신이 가지고 있던 에너지를 다 쓰고 나면 순식간에 텅 비어버린다. 깡통이 되어버리는 것이다. 듣는다는 것은 단순히 남의 말을 내 귀에 담는 것이 아니라 상대가 전달하고자 하는 다양하고 폭 넓은 '무언가'를 나의 내면에 지층처럼 쌓아가는 과정이다. 싸락눈이 내리면 훅 녹는다. 그런데 그것이 365일 24시간 계속 오면 어느 순간 아래에 있던 눈이 단단해지며 벽을 쌓아 올리듯 눈이 쌓여간다. 경청은 내 안에 그런 생각의 탑을 지어주는 과정이다.

회사를 다니다 보면 싫어도 듣게 된다. 결정권자들이 하는 이야기를 매번 들어야 하고 신규 제휴 업체를 개발하거나 협업을 위해서는 다른 회사 사람들까지도 만나서 계속 들어야 한다. 그런데 이때 내가 가진 것만 참으로 지치지도 않고 말하는 사람들이 있다.

언젠가 내가 함께 일했던 후배 중 이런 친구가 있었다. 당시 우리가 계약 입장 등에서 약간 우위에 있다는 이유 하나만으로 협의가 아닌 통고, 협상이 아닌 일방적 제안을 너무 당연하게 생각하는 것이었다. 제휴해야 하는 회의에 보내 놓으면 우리 쪽 정보만 딱 제공하고 상대의 조건과 협의하는 과정은 싹 무시하는 경우가 너무 잦았다.

하물며 회의를 하고 왔는데 상대방의 요구 조건을 메모조차 해오지 않은 것을 보고 정말 뒷목이 뻣뻣해져 온 적이 있다. 이쯤 되면 신규 개발을 하려는 의지가 없거나 그동안 업무를 잘못 배운 것이 아닌가 하는 생각을 하게 된다.

일단 입장과 상관없이 타 회사를 방문하기 전에는 그들의 조건을 듣고 우리가 가용범위 내에서 협의 가능한

부분이 있는지 등도 확인하고 방문해야 한다. 아니면 추후 경청을 하고 조건 값들을 받아와서 사업성에 대한 시뮬레이션을 돌리고 추가 협의를 하는 것이 맞다.

결국 당시에는 그 직원을 일단 배제하고 상대 회사와 직접 연락해서 다시 제휴의 항목을 정하고 재협의를 진행했다. 그리고 참여했던 모두가 이렇게 두 번 세 번 제휴 진행을 엎고 다시 해야 했던 일련의 스토리를 파악할 수 있도록 이메일로 모두에게 전달하는 것으로 마무리를 지었다.

여기서 아마 이런 의문을 갖는 사람도 있을 것이다. '그 직원이 무척 공격적인 마케팅을 하는 사람이 아니었을까? 제휴해서 하는 프로젝트이기는 하지만 메인이 우리니까 더 열정적으로 해보려고 우리 조건만 밀어붙인 게 아닐까?' 하는 생각을 할 수도 있다.

결론부터 말하자면 그렇지 않다. 세상 모든 일이 비슷하겠지만 마케팅은 더더욱 귀가 많아야 하는 분야다. 고객의 이야기, 회사의 이야기, 팀 동료들의 이야기, 내 내면의 이야기까지 귀 기울이지 않으면 전달의 시작부터 끝까지 꼬이고 망치게 된다.

다시 한 번 말하지만 잘 듣지 않는 사람은 절대로 잘 전달할 수 없다. 만약 뭔가 전달하는 것에서 늘 실수가 발생한다면 무조건 잘 듣고 메모하고 필요에 따라 녹음을 해라. 때로는 아무 것도 섞지 않고 고스란히 듣고 옮기는 게 가장 큰 재능일 수도 있다. 경청은 그만큼 중요하다.

Part 4

모르는 사람에게
전달하는 방법

면접, 그 불편한 자리에 대하여

면접이 편한 사람은 없다.

면접을 보는 사람들이야 당연히 떨리고 긴장해서 불편하겠지만 그런 모습을 보는 면접관들도 똑같이 불편하다. 아니 오히려 좀 더 불편할 수도 있다. 면접을 보는 사람들은 그 시간만 잘 넘기면 되지만 면접관들은 긴 시간 여러 사람을 만나면서 긴장을 풀 수도 없다. 내가 순간 잘못 판단해서 나중에 모두를 기함시키는 사람을 들일 수도 있는 것이고, 제대로 파악을 못해서 일을 시키려고 뽑았는데 일을 오히려 만드는 사람을 들일 수도 있는 것이기에 매 순간 매의 눈을 내려놓을 수 없는 것이 면접 현장이다.

십 년을 옆에 두고도 모르는 게 사람인데 몇 장 종이에 인쇄된 이력서와 자기소개서 그리고 짧으면 10분, 15분

길어봐야 1시간이 안 되는 시간에 한 사람을 두루 파악한다는 건 사실 말이 안 되는 이야기일 수도 있다.

그래서 기업에 따라서는 인적성검사 등을 통해 미리 유형 분류를 해서 면접에 적용시키기도 하고 관상 보는 사람을 면접에 비공식적으로 동석시키는 회사도 있었다. 가끔 황당무계한 것처럼 보이는 면접관의 질문들도 사실은 면접자들을 당황시키려는 게 아니라 그런 상황 속에서 순간 튀어나오는 본성이나 인격을 찾아보려는 시도 중의 하나라고 볼 수 있다.

면접에 가는 사람들은 자신의 모습을 회사에 맞춰 감추기도 하고 꾸미기도 한다. 오죽하면 면접 복장, 면접 메이크업, 면접용 컬러가 따로 있겠는가. 그래서인지 면접에 대한 소비 시장도 엄청나다. 짧은 시간 안에 내가 어떤 사람인지를 일단 시각적으로 보여줘야 한다는 생각 때문일 텐데 사실 시각적인 건 그리 오래 지속되지 않는다.

첫인상이 처음 몇 초 안에 결정되고 그게 시각적인 요소에 의한 것이라는 메르비안의 법칙에서는 목소리가 38%, 말이 7%, 표정과 태도가 55%의 비중을 차지한다고 한다. 이걸 첫인상의 법칙이라고 해서 숫자가 가장 큰 55%에 치중하는데, 사실 여기서도 그 55%가 옷과 메이크업이라고 한 적은 없다. 표정과 태도라고 분명히 나와 있음에도 이를 시각적 요소라고 에둘러 표현해서 생기는 오해다.

면접관들은 옷과 화장을 보지 않는다. 만약에 면접을 보러 들어오는 사람이 가죽 재킷에 체인을 주렁주렁 걸고 들어오거나 온몸 가득한 문신을 자랑하며 민소매를 입고 들어오거나 낙타 속눈썹 같은 눈썹을 붙이고 무대 화장에 앞머리를 3센티미터쯤 띄워 볼륨을 넣고 들어온다면 볼 수도 있겠다.

하지만 이건 기본적인 장소에 대한 톤앤매너를 지키지 않은 것이라 감점 요소가 될 수는 있겠지만 일률적으로 브라운톤 슈트를 입어야 한다거나 블루톤 셔츠에 네이비 넥타이를 매야 한다는 법칙은 대체 어디서부터 생긴 것인지 알 수가 없다.

오히려 면접에서 중요한 건 앞의 법칙에서도 말한 것처럼 표정과 태도이다. 가끔 이력서를 보고 기대감에 차서 기다리던 면접자가 잔뜩 긴장하고 겁먹은 얼굴로 들어와 쭈뼛거리는 경우가 있다. 이렇게 들어오는 친구들은 십중팔구 떨리듯 기어들어가는 목소리로 시작한다.

보통 면접을 볼 때 회사마다 다르기는 하지만 자기소개를 먼저 해보라는 경우가 많은데, 이건 진짜 소개를 듣고 싶어서라기보다는 그래도 내가 누군지를 전달하는 게 가장 쉬우니 한 번 전달을 제대로 하면서 긴장을 풀어보라는 의미이다. 그래서 이 자기소개만 명료하게 또박또박 빠르지도 느리지도 않게 완료해도 그 면접은 일단 성공적으로 시작하게 된다.

간혹 압박면접을 보는 곳도 있지만 대부분 면접관들은 내가 찍어 누를 상대를 찾는 게 아니라 우리 회사의 결과 잘 맞는 사람, 보직을 수행할 수 있는 사람, 현재 구축된 조직에 잘 어우러질 수 있는 소위 '우리 사람' '내 사람'을 찾는 것이기 때문에 기본적으로는 호의를 갖고 있다고 믿어도 된다. 일단 그 정도 호의조차 없으면 서류에서 탈락이지 굳이 면접까지 불러올리지도 않는다.

자기소개를 한 후에는 천천히 심호흡을 해서 일단 마

음을 조금 진정시키는 것도 필요하다. 사람은 마음이 조급해지거나 긴장을 하면 심장이 빠르게 뛴다. 뇌에서 일종의 위험신호를 감지해서 살기 위해 호흡부터 빠르게 만드는 것이다. 이때 천천히 숨을 들이쉬었다 내쉬었다를 반복하면 뇌가 '아, 굳이 내가 긴장하지 않아도 되는 상황이구나'라며 함께 안정이 되는데 이 상태가 되어야 면접관이 대체 무슨 말을 하는지 들을 준비가 된다.

면접은 내가 가진 역량을 재롱잔치처럼 쏟아내서 보여주는 자리가 아니다. 때문에 면접관들 앞에서 하고 싶은 이야기를 장황하게 할 필요가 없다. 오히려 경청을 하는 태도 끝에 한 템포 쉬고 핵심적인 대답을 짧게 하는 것이 훨씬 효과적이다.

만약 마케팅부서 면접을 봤는데 면접관이 우리 회사에 들어와서 뭘 해보고 싶냐고 물었다고 가정해보자. 그러면 사전에 분명 그 회사의 제품이건 서비스 정도는 공부했을 테니 그중 하나를 고르고 "이런 식으로 누구에게 한 번 마케팅을 해보고 싶습니다."라고 말을 마무리하면 된다. 일단 질문에 대한 대답은 간단명료하게 전달한 후 뭔가 역량을 더 보여주고 싶으면 그때 '조금 더 덧붙여도 된다면' 같은 말과 함께 역시 길어지지 않게 딱 전할 말만 마무리하면 된다.

군이 주절주절 대학교 동아리에서 했던 일부터 시작해서 공모전 준비했던 일, 거기서 리더를 하며 공모전에서 상 받은 거, 이런 말을 할 필요가 없다는 것이다.

모르는 사람들 앞에서 나를 드러내야 할 때 말을 길게 하면 전달해야 할 것을 오히려 놓친다. 차라리 이럴 때는 짧고 간단하게 상대의 말에 대한 확실한 대답을 전하는 것이 오히려 낫다.

회사는 웅변가 달변가를 뽑는 것이 아니다. 물론 영업 부서나 마케팅 부서에서는 그 능력이 가산점이 될 수 있겠지만, 말을 청산유수처럼 해야 면접에 성공하는 것은 절대로 아니다. 오히려 우호적인 태도로 집중하고 상대의 말에 공감을 표하거나 흥미를 보이는 것. 그리고 부드럽게 시선을 맞추며 경청한 후 한 템포 쉬고 핵심을 콕 짚은 대답을 전해주는 것이 훨씬 그 사람을 매력적으로 느끼게 한다.

그러니 불편한 자리일수록 일단 상대의 말을 잘 듣고 정확하고 명료한 대답을 전할 수 있도록 하자. '긴장하지 말고 천천히'를 잊지 않는 것이 핵심이다.

열 번의 이직을 성공한 자의 전달력

나는 지금까지 총 열 번의 이직을 했다. 그것도 내가 원하는 곳에 원하는 보직으로 옮겨 다녔다. 이는 내가 어렸을 때 잡은 목표를 실현하기 위한 것이기도 했고, 마케터의 직업병처럼 가장 트렌디한 곳에 가서 재미있는 일을 신나게 해보고 싶어서이기도 했다.

혹자는 운이 좋았다고 할 수도 있고 누군가는 부러워할 수도 있고 또 다른 누군가는 불편한 시선으로 볼 수도 있겠지만 그 이직의 경험들이 내게는 정말 소중하다.

만약 회사들을 이렇게 여러 번 옮겨 다니지 않고 한 곳에만 있었다면 아마 지금의 나는 처음보다는 분명 매너리즘에 빠져 있었을지도 모른다. 마케터는 시장의 변화와 고객이 주는 사인을 가장 빠르게 전달받아야 하는 자리

에 있기 때문에 항상 세상을 향한 긴장을 늦추어서는 안
되는데 한 곳에 머물러 있으면 이 감각을 유지하기가 쉽
지 않다.

일에 있어서 나는 성과를 가장 중요하게 생각한다. 어
느 회사에 가든지 내게 가장 중요한 가치는 성과였다. 성
과가 나지 않는 것은 무의미하다고 본다. 물론 합법적이
어야 한다. 회사를 옮겨야겠다는 생각이 드는 시점이 바
로 이런 시기들이었다. 최선을 다해도 성과가 나기 어려
운 환경이 되거나 이 회사에서 더 이상 내가 성과를 낼
수 없는 상황이 왔을 때, 혹은 여기서 하는 퍼포먼스만큼
다른 곳에서 하면 훨씬 더 좋은 효과를 볼 수 있을 것 같
을 때 이직을 준비했다.

보통 같이 일하는 사람이 싫어서, 회사가 미워서, 열심
히 해도 성과가 안 나서 등이 이직 사유이기는 하다. 그
런데 내 경우는 열심히 해도 성과가 안 나서의 경우가 좀
달랐다. 부서의 환경이 바뀌거나 내가 기획하고 꾸는 꿈
이 회사의 비전보다 커져버리는 경우가 간혹 있는데 이
때 내가 그리고 싶은 그림은 우주를 감싸는 것인데 간혹

회사가 그리는 그림이 우리 동네까지만 아우를 때가 있다. 난 그럴 때 회사를 떠날 준비를 했다.

솔직히 그 상황에서 회사 사이즈에 나를 맞추면 일신이 편하긴 하다. 그냥 하라는 일만 하고 적당히 성과 내고 계속 그 자리에서 하던 일 조금씩 성격 바꿔서 하면 월급이 꼬박꼬박 들어오는데 뭐가 불편하겠나. 하지만 그런 상황에 있는 것 자체가 내게는 견디기 어려운 것이었다.

난 정말 다양한 방법으로 세상과 소통하고 싶고 여전히 세상을 향해 전하고 싶은 이야기가 많다. 그런데 그 창구를 회사가 줄여버리면 어쩌겠는가. 창구를 열어줄 다른 곳을 향해 옮기는 것밖에는 할 게 없지 않은가.

내 이직은 그렇게 이뤄졌다. 총 열 번의 이직이었다. 고등학교 때부터 세웠던 목표인 대한민국의 대기업 열 곳을 꼭 다녀보겠다는 다짐은 십수 년간 꾸준히 도전하며 이루어졌다.

물론 이직을 하면서도 계속 마케팅이라는 직무로 나의 전문성을 지킬 수 있었던 것은 행운이라고 생각한다. 마케팅이라는 분야는 전문적이기도 하지만 정작 일을 해보면 엄청 광범위하고 유연한 일이기도 하다.

앞에서 한 번 언급한 적이 있듯이 숫자에 대한 감각도 예민해야 하고 타 부서의 업무 알고리즘도 알아야 적절한 프로모션을 만들거나 이벤트를 기획할 수 있다. 또 윗사람 아랫사람 할 것 없이 다양한 사람들과 소통해야 하고, 더 다양한 상대에게 정확하게 일이 굴러갈 수 있게끔 전달을 해주어야 한다.

그러다보니 자연스레 사람의 생각, 특히 경영진, 결정권자들의 생각을 읽는 시각이 길러졌다. 아무리 괜찮은 프로젝트를 기획해도 결정권자가 반대하면 하지 못한다. 그의 노! 한 마디에 수개월간 수십 명이 매달렸던 일이 무산될 수도 있고, 모두가 반대했던 일을 갑자기 해야 하는 경우도 생긴다. 때문에 그 의중을 빠르게 파악해서 일에 적용시킬 수 있는 눈치도 역시 전달력의 일부라고 볼 수 있다. 그리고 나의 이직 경력에도 이 눈치 전달이 도움된 적이 있다.

대부분의 사람들이 이직을 준비하려면 일단 구직 사이트를 뒤진다. 그리고 내가 할 수 있는 일을 정하고 그 일을 해줄 사람을 찾는 회사를 찾는다. 그런 회사가 있으면 인재상에 자신이 맞는지를 살피고 해당하는 것 같으면 슬그머니 이력서를 밀어 넣는다. 보통 순서가 그렇다. 하지만 내가 쓰는 방법은 좀 다르다.

나는 그냥 이직하고 싶은 회사를 일단 먼저 정했다. 그리고 한두 번은 회사의 임직원 이메일을 알아내서 무작정 메일을 보냈다. 혹은 주변의 아는 사람을 통해 미리 이야기할 수 있으면 하는 등, 여하튼 내가 시도할 수 있는 방법들을 모두 동원해서 직접 나라는 사람과 내가 그 회사에서 하고 싶은 일, 할 수 있는 일을 전달했다.

사실 상황을 바꿔서 생각해보면 못 할 일도 아니다. 학교 다닐 때를 한 번 떠올려보자. 문제를 풀다가 모르는 게 생겼고 이 문제를 너무 풀고 싶은데 나를 가르쳐주던 선생님이 교무실에 안 계신다. 그래서 같은 과목이지만 다른 학년이나 다른 반 선생님에게 "선생님, 저 이 문제가 너무 궁금합니다. 이 문제만 풀고 나면 다른 것도 잘 풀수 있을 것 같은데요. 알려주실 수 있나요?"라고 물어보면 아마 거절할 선생님은 없을 것이다. 오히려 반가워하면 반가워했지 "내 담당 학생이 아니니 저리가!"라고 말하는 선생님이 있을까?

회사도 비슷하다. 진정성 있게 절실한 진심을 전달하면 비록 당장은 빈자리가 없고 회사의 여력이 되지 않아서 거절할지언정 뭐 이런 사람이 있냐며 거절하는 경우는 없다.

내 경우도 오히려 이렇게 메일을 주는 사람이 처음이었다며 만나자고 해서 이직에 성공한 경우도 있었고, 연락한 후 일 년 정도 지난 다음에 "기억이 나서 연락했다"라는 답을 받은 적도 있다.

후자의 경우는 호주에 있을 때 월마트코리아에서 온 연락이었는데 오히려 그때 내 대답은 "너희가 필요해서 부른 거니까 면접비랑 비행기표 줘!"라는 것이었다. 이를 일부 수긍해 전화면접을 한 덕에 입사에 성공했었다. 결국 이직도 나를 얼마나 진정성 있게 전달하느냐에 따른 결과인 것이다.

불특정 다수의 대중을 향한 전달이란

  학교 다닐 때 썩 좋아하는 과목이 아니었음에도 그 선생님이 강의만 시작하면 나도 모르게 집중해서 듣게 되는 것이 있었다. 반대로 좋아하는 과목이었음에도 집중하려면 온 우주의 기운을 모아 노력하고 애써야 가능한 것이 있었다.

  두 경우의 차이가 바로 전달력에서 오는데 지금도 보면 강의를 잘하는 사람들의 특징 중 하나가 소위 말하는 쇼맨십, 전달하는 그들만의 독특한 방식을 갖고 있다는 것을 알 수 있다. 되려 강의 내용은 크게 다를 것이 없음에도 누가 더 잘 전달하느냐에 따라 스타 강사라는 칭호를 달기도 하고 빛을 보지 못하는 강사가 되기도 한다.

  안타까운 것은 자기 콘텐츠를 더 심도 있게 가지고 있

는 사람들 중에서도 쇼맨십을 갖지 못해 은둔의 고수로 남아 있는 경우가 의외로 많다는 점이다.

불특정 다수에게 무언가를 전달하는 사람은 일면 연기자의 모습을 가져야 한다. 스타 강사들이 강연하는 것을 보면 '아, 저 사람들 반은 연기자다'라는 생각이 들 정도로 강약 조절에 능하고 관객과 소통하는 포인트가 정확하다. 그리고 무엇보다 자신이 전달하는 이야기에서 어느 부분에 어떤 포인트를 넣어야 하는지에 대한 시나리오가 있다.

무언가를 전달하고자 할 때 사람들은 본능적으로 시나리오를 짠다. 영화나 드라마의 시나리오처럼 신(scene) 구성을 하고 디테일하게 대사를 쓰는 것은 아니지만 과정은 비슷하다. 대중문화 콘텐츠도 결국은 주인공을 통해 작가가 대중에게 하고 싶은 이야기를 전달해 나가는 것이라고 볼 때, 이를 실제 내가 하는 일에 적용시켜 보면 꽤 많은 도움을 받을 수 있다.

일단 인물, 사건, 배경이 있다. 주인공은 전달 사항이 있는 내가 될 것이고, 사건은 성공시켜야 하는 프로젝트

정도로 잡으면 될 터이다. 배경은 기획한 행사 등을 진행하는 기간이나 특정한 날이 되고 여기에 더해 조력자와 방해자가 누구인지 그들이 어떤 영향력을 행사할 것인지를 한 번 고민해 보게 될 것이다.

이렇게 시나리오를 써보는 이유는 사실 간단하다. 공감의 지점을 찾기 위해서다.

불특정 다수의 사람들을 모두 디테일하게 하나하나 만족시키는 것은 어려운 일이다. 아무리 기획을 잘 해서 모두를 아우르는 기막힌 걸 만들어내도 꼭 반감을 갖는 사람이 나타난다. 그렇게 모두의 마음에 꼭 드는 것을 만들어내는 건 절대적으로 불가능하다.

하다못해 한 사람당 무조건 얼마씩 돈을 주겠다는 것을 기획해도 누군가 하나는 반드시 불만을 갖는다. 불로소득으로 얻는 것은 생각하지 않고 내가 생각한 것보다 일원을 적게 준다고 투덜거리는 것이 사람이고, 이것을 받음으로써 전체 소득이 늘어 세금 십 원을 더 내게 되었다고 항의하는 것이 사람이다. 때문에 모두를 만족시키기보다는 보편적인 공감을 이끌어내는 방향을 찾아가는 것이 더 수월하게 일을 끌어가는 방법인데, 시나리오는 이 보편적 공감의 지점을 어디에 둘 것인지를 미리 시뮬레이션해 볼 수 있게끔 한다.

사람들은 공감을 하면 반응한다.

정보를 주면 기억을 하거나 이해를 하지만 공감을 주면 그제야 아… 하면서 고개를 끄덕인다. 기억이나 이해까지는 내가 전달하고자 했던 것의 절반도 전하지 못한 것이다. 전달의 목적은 내가 원하는 대로 상대방의 행동이나 마음을 움직이는 것인데 기억과 이해 단계에서는 이를 이끌어내지 못한다. 그냥 상대에게 좋은 정보만 밀어 넣어 주고 끝나는 것이다.

여기에 공감 지점을 더하면 상대는 움직인다. 그것이 내가 원하던 방향이건 아니건 일단은 움직인다. 여기에 내가 원하는 방향으로 끌어오게끔 하는 것이 바로 아이디어이다. 마케터의 아이디어는 이렇게 공감을 기반으로 공감한 사람들이 얼마만큼의 반응으로 나의 전달에 동조하게끔 할 것인가를 만들어가게 된다.

그래서 이 과정에서 또 한 가지 중요한 것은 대중을 두

려워할 줄 알아야 한다는 것이다.

'이건 당연히 모두가 공감하지!'라며 자만에 빠지는 순간 대중은 싸늘해진다. 스타 강사로 인기의 절정에 올랐던 사람들이 한순간에 사라지는 경우들을 많이 봐왔을 것이다. 인플루언서 마케터들이 정말 단 하나의 사건으로 나락에 떨어지는 것도 익숙하게 봤을 것이다. 연예인이라고 다르지 않으며, 기업이나 제품도 마찬가지다.

내가 전하고자 하는 공감 지점들을 계속 점검하고 날을 세워 조심조심 전하지 않으면 대중은 귀신같이 알아차린다. 공감으로 포장하기는 했지만 결국 속 빈 강정이고 사기라는 것을 말이다. 한 번 대중에게 낙인이 찍힌 후에는 처음 시작하는 것보다 훨씬 재기가 힘들다.

그러니 무엇을 전달하건 불특정 다수에게 무엇인가를 말하고 싶거든 공감 포인트를 만들되 반드시 그들이 무서워하는 기본 마음가짐을 가지는 게 필요하다. 대중이 가장 큰 조력자이고 대중이 가장 큰 안타고니스트(antagonist, 적대자)인 것이 마케터의 시장이기 때문이다.

전달할 수 있으니 사람인 것을

　개나 고양이를 키워 본 사람은 안다. 그들도 뭔가 전달하고 싶은 것이 있으면 충분히 의사를 표현한다는 것을 말이다. 목이 마르면 물이 있는 곳으로 가서 앞발로 긁고 배가 고프면 주인을 끌고 먹을 것이 있는 곳으로 데려가기도 한다.

　산책을 나가자고 하면 신이 나서 목줄이 있는 곳으로 뛰어가고 혼을 내면 자기가 잘못한 것을 알고 기가 죽기도 한다.

　그런데 개나 고양이들이 사람이 하는 말을 진짜로 다 알아듣는 것은 아니다. 물론 특정한 발음의 단어가 어떠한 행동을 유발하는 것을 학습에 의해 체득하는 경우도 있지만, 대부분은 사람이 전달하는 분위기와 억양, 표정,

어투 등으로 짐작한다고 한다.

예를 들어 칭찬하는 말을 높은 톤으로 혼내듯 하면 '말'을 전달받는 것이 아니라 '느낌'을 전달받아서 풀이 죽고, 혼내는 말을 조곤조곤하게 칭찬하는 것처럼 하면 오히려 좋아서 꼬리를 치거나 배를 뒤집는다는 것이다.

결국 함께 시간을 보내면서 특정한 느낌과 단어로 미루어 짐작할 뿐 제대로 된 전달이 이뤄진다고 보기는 어려운 것인데, 그런 점으로 볼 때 사람에게 주어진 이 전달의 힘이라는 것이 얼마나 귀한 것인지를 새삼 깨닫는다.

우리가 사람이고 그래서 전달할 수 있는 다양한 방법을 깨우치고 있다는 것이 특히 빛을 발할 때가 있는데, 바로 위기 상황이다. 사람이 아닌 다른 생물들은 위기 상황이 코앞에 닥쳐 신변을 위협해야만 비로소 그게 위기임을 깨닫는다. 물론 동물 중에는 사람보다 감각이 예민해서 먼저 지진이나 해일 등을 알아차리기도 하지만 대부분은 눈앞에 보여야 한다. 그런데 사람은 다르다.

하다못해 주변에서 들리는 카더라 통신을 통해서라도 '위기인가?'라는 생각 한 번은 하게 되고, 화장실에서 손

썼다 들은 뒷담에서도 '위기인데?' 하는 느낌을 전달받기도 한다.

그리고 더 다행인 것은 '위기인가?' 하는 생각과 동시에 위기를 고스란히 맞닥트리는 것이 아니라 위기를 기회로 만들기도 하고, 극복할 방안을 짜는 시간을 벌기도 한다는 것이다. 인간에게 부여된 전달의 능력이 없으면 사실 위기 극복의 기회도 없는 셈이다. 그렇다면 위기 극복, 특히 마케터에게 닥친 위기 극복은 대체 어떻게 해야 할까.

마케터에게 닥치는 위기란 정말 청천벽력 같다. 쉽게 이야기해서 오늘 수박을 팔기로 하고 대대적으로 홍보하고 기획전을 준비하고 서버도 늘리고 온오프라인 이벤트까지 거창하게 준비를 한 상태라고 한 번 상상해보자. 이 모든 것을 준비하기 위해 마케터는 수박 산지도 몇 번을 오갔을 것이고, 물류와 매장 점검에 온라인 숍과 오프라인 숍 기타 제휴 상품과 이벤트를 담당하는 업체까지 한 손에 수십 개의 줄을 쥐고 정교한 마리오네트(marion-nette, 꼭두각시)를 움직이듯 그렇게 몇 개월을 준비했을 것이다.

그런데 수박 산지에 불이 났다. 그것도 오픈 날 새벽에 하늘에서 내리꽂힌 열 줄기의 드물고도 드문 번개에 아침 일찍 신선하게 실어오려던 수박 수백 톤이 다 깨지고 불붙는 일이 생겼다.

어이없는 일이지만 이만큼 어이없는 일들이 실제로 마케팅을 하다 보면 발생한다. 심장이 쪼이는 것은 예측이 불가능한 변수들이 늘 도사리고 있다는 점이다.

차라리 지구 온난화나 취업률 저하, 부동산 시장의 불안정성 이런 것들이 원인이라면 완벽하지는 않지만 뭔가 예상 시나리오를 구상할 수나 있겠지만, 마케팅에서의 변수는 늘 '아… 사고가 터지려면 이렇게도 터지는구나….' 하는 부분이 발생한다.

그럼에도 불구하고 다행인 것은 이 위기를 맞는 우리에게는 전달이라는 도구와 방법이 있다는 것이다. 그리고 이 위기를 기회로 만드는 생각의 전환을 가장 빠르게 할 수 있는 건 역시나 마케터라고 생각한다. 왜냐하면 그 프로젝트를 사람들에게 어떻게 전달할지에 대해 가장 많은 경우의 수를 생각했을 것이고, 그렇다면 버려진 경우의 수 중에서는 분명 위기를 기회로 만들 수 있는 단초들이 한두 개는 숨어 있을 거라고 믿기 때문이다.

누군가에게는 불에 타버린 수박밭이 다리 뻗고 누워 관을 짜야 하는 자리가 되겠지만, 누군가에게는 그곳이 번개가 만든 불자리, 미스터리 서클의 뒤를 잇는 새로운 관광 명소의 개발지가 될 수도 있는 것이다. 중요한 것은 어떤 지점을 잡아 어떻게 변화시킨 후 누구에게 전달할 것인지를 잡아내는 것이다. 위기는 누구에게나 오고 다행히 우리는 그 위기를 기회로 바꾸어 전달할 수 있는 유일한 생명체, 사람이다.

정말 다행스러운 일 아닌가? 우리에게 전달이라는 능력이 있다는 사실이 말이다.

말과 행동에서 알 수 있는 것

어렸을 때 읽었던 동화 중에 이런 동화가 있었다. 내가 읽었을 때의 제목은 '완두콩 공주'였는데 동화라는 게 워낙 버전이 많다 보니 지금은 어떤 제목으로 알려져 있을지 잘 모르겠다. 당시에도 내용의 핵심은 같았지만 조금씩 다른 버전이 몇 개 있긴 했는데 지금 기억나는 것을 한 번 이야기해보려 한다.

어느 나라에 귀하게 자란 공주가 있었다. 궁에서 하녀와 하인들의 시중을 받으며 구름처럼 푹신한 침대에서 자고 늘 어딘가 앉아 있거나 이동할 때는 누군가가 앉아 있는 의자를 들어올려 이동하는 공주였다.

그런데 어느 날 공주가 살던 궁에 도적들이 쳐들어왔다. 모두가 허둥거리는 가운데 시녀의 복장을 대신 입은 공주는 어떻게 하다 궁 밖으로 무사히 나오기는 했지만 영 난감한 상황이었다. 궁 밖은커녕 궁 안에서조차 보드라운 자리만 골라 밟으며 다니던 사람이었으니 얼마나 힘들었겠는가.

당장이라도 쓰러질 것 같았지만 일단 하루 머물 곳을 찾기 위해 여기저기 헤매던 공주가 아주 큰 저택을 발견하고 문을 두들겼다. 안에서 하인이 나오자 공주는 자신의 신분을 밝히고 하룻밤만 재워줄 것을 청했다. 당연히 하인은 초라한 행색의 공주 말을 믿지 않았지만 일단 주인에게는 공주의 말을 전했다.

처음에는 하인의 말을 듣고 코웃음을 쳤던 주인이었지만, 혹시 만에 하나 진짜 자기가 공주라고 이야기하는 저 여인이 정말로 공주라면 하룻밤을 재워주지 않은 것 때문에 나중에 화를 입지 않을까 하는 생각이 들었다. 고민하고 있는 주인에게 늙은 어머니가 이유를 물었고 한 가지 지혜를 내놓는다.

바로 매트리스를 천장 꼭대기에 닿을 만큼 쌓고 가장 아래에 완두콩을 한 알 넣어두는 것이었다.

어머니의 말을 들은 저택의 주인은 정말로 완두콩 한 알을 바닥에 놓고 그 위에 매트리스를 산처럼 쌓은 후 공주를 집으로 들여 방으로 안내했다.

그리고 다음 날, 주인이 공주에게 지난 밤 편안하게 잤냐고 물었는데 공주의 대답은 이랬다.

"너무 피곤해서 잘 잘 수 있을 거라 생각했는데 침대 아래 뭔가 작은 것이 계속 등에 배기는 느낌이라 잠을 설쳤어요."

그 대답을 들은 저택의 주인은 비로소 그녀가 진짜 공주라는 것을 믿었다는 이야기였다.

비슷한 종류의 이야기로 지체 높은 사람이 몰래 변장을 하고 일반 사람들 사이에 섞였다가 부지불식간에 했던 행동으로 정체가 탄로 나는 종류의 이야기는 동서양을 막론하고 다양한 버전으로 존재한다. 그리고 이런 이야기들 속에서 우리가 얻을 수 있는 교훈은 태도의 전달도 무시할 수 없다는 것이다.

말과 행동으로 알 수 있는 건 정말 많다. 특히 회사에서는 이 말과 행동이 전하는 그 사람의 됨됨이에 꽤 영향을 많이 준다.

보통 회사에서 하는 회의들은 안건이 정해져 있고 결국 그 안건 중에서 최선의 것을 찾아 나가는 과정을 거친다. 그런데 마케팅 쪽에서 하는 회의는 좀 성격이 다르다. 물론 제휴를 해야 하거나 협력사와 새로운 기획을 추진해야 할 때는 회의 아젠다에 맞춰 결정을 진행하기 위한 실제적인 이야기를 나눈다. 성격이 다른 회의라 함은 이러한 실제적 이야기를 나누기 전 정말 초기 단계에서 아이디어를 뽑아내고 이를 토론하는 자리를 의미한다.

흔히 브레인스토밍 자리에서 허락되지 않는 유일한 것은 '안돼'라는 이야기이다. 정말 안드로메다 행성에서 헤엄치는 이야기일지라도 그 안에 '왜'와 '어떻게'가 들어있고 그 의도가 전달되면 일단 받아들여지는 자리가 브레인스토밍 현장이다.

그런데 이런 자리에서 꼭 나오는 의견마다 족족 '그건 좀 그런데?'라는 태도를 보이는 사람이 있다. 이런 사람은 평소에도 말을 할 때 꼭 말의 시작을 '아니 그게 아니라……'라는 부정형을 붙인다. 그리고 사람이 뭔가 말하려고 하면 다 듣기도 전에 '별로다' '아닌 것 같다' '아니…' '싫은데' 등의 부정적인 말부터 먼저 한다. 습관이다. 그것도 아주 나쁜 습관.

문제는 이런 태도를 가진 사람들이 자기 의견을 주장하고 전달하는 것은 무척 열심히 한다. 아이러니하게도 자기 것을 열정적으로 주장하고 싶어서 일단 다른 사람의 의견을 묵살하는 방식을 택하는 것이다.

하지만 이미 그들의 태도에 마음을 닫아버린 상대가 그의 의견을 제대로 전달받아 줄까? 이거야말로 아니다. 그런 사람들은 결국 태도와 말투 때문에 전달의 기회조차 점점 잃게 된다.

반면 누가 무슨 이야기를 하건 눈을 맞추고 경청하며 고개를 끄덕여주는 사람에게는 조금씩 더 많은 이야기가 모인다. 그 사람을 축으로 해서 많은 것들이 정리된다. 잘 들어주는 사람일수록 오히려 전달을 할 때 조심하는 성향이 더 큰데 자기가 알고 있는 것이 많기 때문에 혹여 전달에 있어 실수를 하면 피해를 보거나 다칠 사람이 많다는 것을 아는 까닭이다.

그러다보니 이 사람은 당연히 조직 내에서 '정확하게 일처리를 하는 사람'이랄지 '태도가 좋은 사람' 혹은 '잘 듣고 잘 전하는 사람'이 된다. 상사 입장에서는 당연히 전자보다는 후자 입장의 직원을 키우고 싶고 함께하고 싶다. 어쩌면 아니라고 먼저 말을 시작하는 사람이 아이디어는 더 많고 일에 대한 욕심도 더 클 수 있다.

하지만 시장은, 회사는 그런 사람보다 태도와 말투에서 긍정적인 기운, 원활한 소통의 기운이 더 잘 전달되는 사람을 원한다. 결국 그 사람이 우리 회사를 대표해서 외부 고객에게 물건과 기획을 전달할 것이기 때문이다. 태도와 말투가 전해주는 기운이 중요한 이유다.

포장에 따라 전혀 다른 말들

보통은 잘난 척하는 사람을 싫어하고, 겸손한 사람을 좋아한다. 냉정한 사람보다는 온화한 사람을 선호하고, 기죽어 있는 사람보다는 자신감 있는 사람을 좋아한다.

그런데 나는 잘난 척하는 사람이 좋다. 그리고 기회가 돼서 잘난 척을 할 수 있으면 나 역시도 그냥 한다. 잘난 척이 얄밉고 짜증나는 건 그 '척'이 정말로 '척'일 때이다. '척'이라는 말이 붙었지만 그 안에 단단함이 도사리고 있으면 오히려 그건 척보다는 자신감에 가까운 느낌을 전달한다.

이 차이는 내면의 내공이 만들어낸다. 내공이 없는 사람이 하는 말은 똑같은 말이라도 얇은 문풍지 같은 느낌이 전달된다. 그런데 내공이 없는 사람은 한 마디만 해도 무게가 느껴진다. 희한한 일이다. 사람이 느끼는 지점은 다 엇비슷하게 똑같아서 내가 느끼는 걸 똑같은 순간 이 지구상에 20억 명쯤이 동시에 느끼고 있다고 생각하면 된다.

이렇게 내공에 의한 사람의 느낌 차이는 대중문화에서 종종 인물의 특징을 한 장면으로 전달해야 할 때 쓰이곤 한다. 내가 너희 서장이랑 사우나도 같이 했다고 허세를 부리는 인물이나, 슉슉 하는 소리가 입에서 나는 것이 아니라 주먹에서 나는 거라고 말하는 인물 혹은 소싯적에라고 입을 여는 인물들을 떠올려보면 아마 공통점을 발견하게 될 것이다. 자존감은 없는데 자존심은 세워야 하니 일단 주제가 모호한 보호막을 마구 끌어다 자기 것인 양 붙인 사람들이다.

현실에서도 이런 사람들이 있다. 무슨 말만 하면 내가 아는 사람이 이렇다, 사돈의 팔촌이 이런데, 옆집 형이, 앞집 언니가… 가만히 들어보면 자기 주장이나 의견은 없다. 그냥 남이 한 얘기를 전달할 뿐이다. 다만 전달을 하면서 본인도 거기에 끼어들고 싶은 욕심에 나와 조금이라도 연관 있을 것 같은 사실을 사족으로 덧붙이는 것이다.

이런 식으로 뭔가 전달하는 사람을 나는 포장 능력이 떨어지는 사람들이라고 말한다. 차라리 안 하느니만 못하게 덕지덕지 포장을 해서 뜯기도 싫고 뜯어봐야 신경질만 나는 선물처럼 오히려 보고 있으면 안쓰럽다. 차라리 이럴 때는 침묵으로 일관하며 '저 사람은 뭔데 저렇게 조용해?'라는 존재감을 전달하는 게 오히려 낫다. 적어도 궁금증을 유발시키면 그 다음에 한 번 더 들여다보게 되지만, 척에 질린 후에는 보고 싶지도 않기 때문이다.

이런 우화가 있다.

한 신이 숲에 있는 새들을 향해 가장 아름다운 새에게 큰 상을 주겠다고 했다. 그 얘기를 들은 새들은 당연히 자신의 깃털을 가꾸는 데 며칠씩 공을 들였다. 공작은 긴 꼬리털을 윤이 나게 다듬었고, 백조는 흰 털을 더 희게, 팔색조는 색깔이 모두 잘 드러나서 뽐낼 수 있게 털을 고르며 정성을 기울였다. 문제는 까마귀였다. 온통 시커먼데다가 꾸며봐야 티도 나지 않을 게 뻔해 이미 시작하기도 전에 진 시합을 맞이하는 기분으로 침울하기만 했다.

그런데 우울함에 숲을 배회하던 까마귀의 눈에 띈 것이 있었다. 바로 털을 손질하던 새들이 떨군 오만가지 색깔의 깃털이었다.

까마귀는 그 깃털을 모두 주워 온 몸에 차근차근 붙이기 시작했고, 결국 시합 당일, 그 누구보다 화려한 모습으로 나타나 모두를 놀라게 했다. 여기저기에서 끌어 모아 붙였으니 얼마나 화려했겠는가. 다들 처음 보는 새의 모습에 부러워하며 수근거렸고 몇몇 새는 질투를 했다. 당연히 신은 변장한 까마귀를 가장 아름다운 새로 뽑았는데, 그 순간 자신의 깃털을 발견한 공작새를 시작으로 사방에서 공격을 당한다. 결국 겉을 감쌌던 화려한 깃털을 모두 빼앗긴 후 가지고 있던 검은 깃털마저 공격으로 숭숭 빠져버린 흉한 모습으로 부끄러워 도망쳤다는 게 우화의 내용이다.

정말 척으로만 끝나는 잘난 척은 남의 깃털을 붙인 까마귀와 같다. 이런 척에 익숙한 사람들은 자기가 전달한 내용에 대해 염치를 가지지 않는다. 왜냐 염치를 갖는 순간 이것은 내 깃털이 아님을 시인하는 것과 같기 때문이다. '너희 서장이랑 밥을 먹었고!'가 거짓이 되고 슉슉 소리가 입에서 나는 소리임을 인정해야 하는데 그건 염치가 있어야 가능한 수순이다.

일을 할 때 자기 잘못을 절대 인정하지 않는 사람은 오히려 목소리가 크다. 그리고 어떻게든 내 말만 상대에게 밀어 넣으려 한다. 전달이 안 되고 있다는 사실조차 인정하지 않는 그들의 '척'을 멈출 수 있는 건 반박할 수 없는 잘난 척이다.

그러기 위해서는 먼저 내 가치를 고민해봐야 한다. 아마 우화 속의 까마귀가 검은 깃털을 정성 들여 손질하고 세상의 검은 빛이 아닌 최상의 윤기를 지닌 검은 색으로 자신을 단장했다면 알록달록 화려하기만 한 새들 사이에서 오히려 고고한 빛으로 우아하게 빛나는 자리를 차지했을 것이다. 자기 가치를 고민하지 않고 보이는 화려함을 쫓다 보면 그건 '척'이 된다.

그런데 내 가치는 잘난 척을 이유 있는 자신감으로 만들어준다. 그리고 이 자신감은 위기를 극복하게 하고 내 의지로 전달하는 모든 것에 힘을 실어준다. 내가 만약 마케터라면 더더욱 잘난 척이 아니라 가치를 기반으로 한 자신감을 쌓기 위해 노력해야 한다. 그래야 사기꾼 소리 안 듣고 고객과 시장에 내가 매개가 된 서비스와 상품을 전할 수 있다.

수많은 회사들이 이것을 몰라서 고객의 외면 속에 쓰러져갔다. '척'하던 인플루언서 마케터들이 실패한 것도 이런 이유라고 생각한다.

나는 모든 마케터가 잘난 척을 제대로 했으면 좋겠다. '척'하는 거 말고 진짜 잘나서 그 잘남을 뽐뽐하는 것을 보고 싶다. 진심으로.

왜 내 말은 흘러버릴까

가끔 이런 고민을 토로하는 사람들이 있다.

"난 진짜 열심히 이야기하는데 아무도 내 말을 안 들어요." "내가 말만 하면 다들 딴짓해요." "분명히 잘 정리해서 말했는데 무슨 말인지 모르겠대요." "내 말은 다 흘려들어요."

희한한 일이다. 똑같은 주제로 이야기를 해도 누구 말은 귀 기울여 듣고 누구 말은 건성으로 듣는다. 그렇다면 왜, 어떤 이유로 이런 차이가 생기는 걸까? 그 차이를 이야기하기 전에 두 가지 질문을 먼저 해보고 싶다.

첫 번째 질문은 이거다.

세상에서 나를 가장 생각하는 사람의 말인데, 내가 그 어떤 말보다 건성으로 듣는 말이 있다. 그게 뭘까?

두 번째 질문이다.

세상에서 가장 듣기 싫은 말인데 나도 모르게 목숨 걸고 듣고 있다. 이건 또 뭘까?

조금씩 다른 대답을 하겠지만 아마 그 대답들도 내가 아래 이야기할 답과 결은 비슷할 거라고 생각한다.

내가 생각한 첫 번째 질문에 대한 답은 엄마 잔소리이고, 두 번째 질문에 대한 답은 독재자의 연설이다. 어떤가. 완벽하게 똑같은 대답은 아니지만 느낌이 비슷한 대답을 생각하지 않았나?

엄마 잔소리는 기본적으로 자식에 대한 애정을 바탕으로 한다. 문제는 그 애정이 상호 교류적인 것이 아니라 엄마의 일방적인 걱정과 경험에 의한 것이기 때문에 이를 바탕으로 한 엄마의 전달은 늘 자식에게 잔소리로 안착된다. 물론 그렇다고 해서 자식이 엄마를 사랑하지 않는 것은 아니다. 다만 그 사랑의 방향과 결이 서로 맞닿지 않을 뿐이다. 엄마는 FM 주파수로 사랑을 전달하고 자녀는 AM 주파수로 사랑을 전달하는데 이 두 파동이 겹쳐지는 게 얼마나 어렵겠는가.

그렇다보니 엄마가 하는 말은 자식에게 새겨들을 말보다는 잔소리로 전달된다. 아이러니하게도 이 잔소리는 의외의 확률성을 갖는다. 왜냐하면 잔소리를 하는 대상이 수년간에 걸친 경험과 노하우를 녹여낸 말을 전하고 있기 때문이다.

"너 그렇게 입고 나가면 감기 걸린다. 뭐 좀 더 입어라."

"그거 사면 후회한다. 예쁜 쓰레기 된다." "지금 안 하면 나중에 힘들다. 얼른 해라."

이런 말들이 대부분 엄마 잔소리의 패턴인데, 사실 한 번이라도 마음을 열어 엄마의 주파수에 맞춰 이 말을 전달받고 내 안에 새기고 그대로 움직여보면 알게 된다. 대체로 저 말이 맞다는 것을.

반면 독재자의 연설은 내 삶에 조금도 도움이 되지 않을 뻔한 이야기임에도 불구하고 정말 열심히 듣는다. 누가 툭 치면 토씨 하나 다르지 않게 줄줄 외울 수 있을 정도로 모든 것을 전달받기 위해 애쓴다. 이유는 간단하다. 목숨이 걸려 있기 때문이다.

제대로 전달받지 않으면 목숨에 위협이 되는 절체절명

의 사항에서 누가 건성건성 흘려듣겠는가. 누가 만약 당신에게 하룻밤 동안 천 개의 각기 다른 한자를 써서 시를 만들라는 명령을 했다. 만약 만들지 못하면 동이 트는 즉시 죽이겠다며 방에 가뒀다. 살고 싶다는 의지를 전달할 수 있는 방법은 오직 하나, 천 개의 문자로 시를 만드는 것밖에 없는 절체절명의 상황이라면 어쩌겠는가 만들어야지.

이렇게 나온 것이 천자문이다. 동이 트기 전에 천자로 된 사언절구 시를 완성하고 머리가 하얗게 세어버렸다지만 어쨌거나 그는 살고자 하는 의지를 온 몸으로 전한 셈이 된 것이다. 즉, 내 말을 누군가가 흘려듣는다면 두 가지를 생각해 볼 수 있다.

첫 번째는 엄마 잔소리처럼 상대와 주파수가 맞지 않는 나의 경험과 사상에 의한 것을 일방적으로 계속 반복해서 전달하고 있지는 않은가이다. 여기서의 핵심 단어는 '일방적으로, 반복해서'이다. 대부분의 잔소리는 한 번에 끝나지 않는다. 지속되고 반복된다. 제대로 공감해서 전달되지 않은 말이 계속 들려오면 사람들은 기억과 이해까지는 이미 된 상태이기 때문에 '아, 내가 아는 이야기. 아, 내가 들은 이야기' 하며 본능적으로 전달 받기를 거부한다. 그래서 잔소리로 맴맴 도는 말이 아닌 정말 제대로 된 조언을 하려면 첫 번에 반드시 공감까지는 가야 한다.

두 번째는 독재자처럼 절체절명의 강압까지는 아니더라도 상대에게 일정 부분 내 말을 받아들여야 한다는 상황을 잘 만들어주고 있는가이다.

이 말을 들어야만 프로젝트 진행을 할 수 있다면 상대는 내 말을 듣는다. 듣는 게 지겨워도 내가 전달하는 사항을 다 들어야 뭔가 내게 이익이 온다면 어쩔 수 없이 듣는다. 요는 그 상황을 얼마만큼 세련되게 만들어서 투덜거리지 않고, 부담스럽게 느끼지 않고 참여하게 만드는가이다.

길 가던 사람을 무작정 붙들고 '이거 좀 참여하고 가세요!'라고 하면 십중팔구 얼굴을 찌푸리며 손을 뿌리친다. 하지만 당신의 도움이 필요하다, 지금 이 순간 당신의 눈길 한 번이 너무 소중하다는 식으로 포장이라도 하면 일단 발길을 머무는 사람이 0명에서 1명은 될 가능성을 갖게 된다.

만약 내가 뭐든 전달만 하려 하면, 누군가의 귀와 마음을 지나 흩어진다 싶으면, 나는 잔소리를 하고 있는가 아니면 전달을 하고 있는가를 먼저 생각해봐야 한다. 그리고 거기에 부담스럽지 않을 정도의 강제성을 어떤 방식으로 집어넣을지도 함께 고민해봐야 한다.

마음이 담겨야 반짝이는 법

가끔 소위 공인이라는 사람들이 사회적인 물의를 일으킨 후 대중에게 나와서 사과를 할 때 비슷한 사건임에도 대중들의 시선이 확연하게 다른 것을 볼 때가 있다.

어떤 사람은 몇 번씩 자필 사과와 영상 사과에 자숙 기간까지 거쳐도 용서 받기 어려운 반면, 어떤 사람은 사과는 딱 한 번 했는데 오히려 대중들이 변명을 대신 해주고 이해해주고 응원해주고 용기를 준다. 소위 '쉴드'를 쳐주는 경우에 알아서 조직적으로 구명 운동을 주도하기까지 한다. 대체 무슨 차이가 있는 것일까?

세상 모든 것에는 위기가 있다. 개인적으로도 위기가 오지만 브랜드나 기업은 매번 위기 돌파의 순간을 다른 형태로 맞이한다. 어쩌면 기업이나 브랜드의 성장은 이

위기를 넘으면서 조금씩 더해지는 더께의 두께로 정해지는 것이 아닐까 싶을 정도다.

위기의 순간이야말로 소통과 전달이 절실해진다. 그런데 대부분 이것을 못해서 수십 년 공들인 것들을 일순간에 무너트리고 만다.

누누이 이야기했지만 대중은 생각보다 선하지만 우리가 바라는 만큼 착하지는 않다. 특히 고객은 더 그렇다. 충성 고객일수록 한 번 돌아서면 그 어떤 블랙 컨슈머보다 무섭게 돌변한다. 사랑한 만큼 미워하는 것처럼 제대로 회사의 제품과 서비스를 경험해 보지 못한 평범한 대중보다 우리를 잘 아는 고객이 돌아서는 것이 더 무서운 일이다.

이를 막기 위해서는 위기가 터졌을 때 일단 빠르게 무릎을 꿇어야 한다. 인정은 빠르면 빠를수록 좋다. 이상하게 사람들은 인정하는 순간 진다고 생각한다. 그런데 이건 절대로 지는 것이 아니다. 오히려 '내 가치가 너무 소중해서 그것을 보호하기 위해 일단 더 상처가 나기 전에 여기서 멈추겠습니다'를 선언하는 과정이 바로 인정이다.

우리는 몸이 아프면 병원을 찾는다. 그런데 꼭 병 초기에 '아 괜찮아! 쉬면 돼!' 하면서 고집을 부리다가 결국 약이란 약은 다 넣고 수술도 하고 입원도 해야 하는 상황에서야 병원에 가는 사람들이 있다. 빠르게 인정하지 않아 병을 키우고 일을 키우는 것인데, 이것은 회사나 브랜드가 위기를 맞았을 때도 똑같이 적용된다. 마케팅을 하면서 가장 경계해야 하는 것 중 하나가 바로 아랫돌 빼서 윗돌 괴기, 언 발에 오줌 누기이다.

이런 미봉책들은 결국 고객의 마음을 영영 떠나게 하는 치사함이 된다. 이럴 수는 없다고, 그럴 리가 없다고 고개를 저을 시간에 오히려 빠르게 고개를 끄덕이는 것이 낫다.

앞에서 빠른 인정은 곧 내 가치를 더 이상 훼손하지 않겠다는 선언이라고 했다. 소중한 것일수록 빠르게 보호한다. 추리 소설인 '셜록 홈즈' 시리즈에 보면 이런 에피소드가 나온다.

아이린 애들러라는 여자가 있다. 그녀에게는 한 나라를 위기에 빠트릴 수 있는 사진이 있다. 그 나라의 왕과 나란히 찍은 사진과 미래를 약속한 도장 찍힌 편지이다. 서로 사랑하던 시기에 찍고 써준 것인데 왕의 입장이 바뀌어 이제는 그 사진과 편지를 돌려받아야 하는 상황이 된 시점에 셜록에게 의뢰를 한다. 자신을 위기에 빠트린 그 사진과 편지를 찾아달라고.

의뢰를 받은 셜록이 택한 방법은 그녀의 집으로 찾아가 일부러 불을 내는 것이었다. 불이라는 위험 상황에서 그녀가 가장 소중한 것을 둔 장소로 갈 것이라고 생각했기 때문이다. 아니나 다를까 그 덕에 셜록은 그 편지와 사진이 숨겨져 있는 비밀 금고의 위치를 알아낸다.

이처럼 위험 상황에서 사람은 본능적으로 내게 가장 소중한 것을 먼저 보호한다. 기업과 브랜드 역시 위기 상황에서 숨기기에 급급한 것이 아니라 빠르게 인정한다면 고객들은 무의식적으로 '아, 정말 소중해서 더 이상 상처 나기 전에 얼른 수습하려고 하는구나'라는 것을 느낀다. 느꼈다는 것은 이미 공감할 준비가 되었다는 것이다.

공감한 준비가 된 사람들 앞에서 필요한 건 이제 스피드이다. 무조건 빨라야 한다. 단, 실수 없이 빨라야 한다. 안팎으로 수습할 것은 수습하고 사실 관계를 솔직하게 정리해야 한다. 그리고 진정성을 얹어 전달해야 한다. 여기에서 구체적인 수습 방식을 전달하지 않으면 공허한 변명이 된다. 때문에 사실 관계를 파악하면서 전할 수 있는 사실의 내용은 담백하게 전하고, 이를 해결할 방법도 제시한 후 진심의 마음을 담아내야 한다.

그러면 공감의 준비가 된 사람들은 이를 받아들이며 행동하게 된다. 그게 앞서 이야기한 대신 변명을 해주건 응원을 하건 규명을 하건 하는 움직임들이다. 이런 경우 불매가 아닌 오히려 구입으로 응원하자는 자체적인 움직임이 만들어지기도 하고 브랜드나 기업을 대신 알려주는 콘텐츠가 만들어지기도 한다.

결국 가장 좋은 방법은 솔직하고 빠르게 사실과 마음을 담아내는 것인데, 이것이 참 쉽지는 않다. 그리고 매번 다른 방식으로 이것들을 모두 충족하기도 어렵다. 그럼에도 불구하고 가장 빠른 전달은 결국 진심이고 마음이다. 식상한 말이지만 그래서 더 무게 있고 가치 있는 말, '진심은 결국 모든 것을 담아 전할 수 있고, 언젠가는 통한다'는 것은 마케터들이 꼭 새겨야 할, 더 나아가 전달력을 갖고 싶은 사람이라면 반드시 주제처럼 품고 있어야 할 말이다.

좋은, 전달력 갖추기

보통 브랜드가 있어야 뭔가 전달을 할 수 있을 거라고 한다.

브랜드라는 말이 무슨 말인지도 모르면서 막연히 브랜드가, 브랜드가 있어야, 브랜드가 중요하다라고 말한다. 특히 마케터들에게 브랜드로 시작하는 말은 떼려야 뗄 수 없는 것이기도 하다. 브랜드의 어원은 '무언가를 지지다, 달구어서 찍다'라는 말에서 왔다고 한다. 즉, 각인하는 것, 내 것이라고 도장을 쾅 찍는 것이다.

그런데 이 브랜드에는 분명 허상이 있다. 유명 브랜드인 줄 알았는데 사실은 저가의 허접한 물건에 로고만 찍어 브랜드인 '척'하는 것들도 너무 많고, 똑같은 재질로 만든 물건인데 그 브랜드 로고 하나 때문에 가격이 10배

이상 차이가 나는 것도 있다. 그러다 보니 소비자는 브랜드를 신뢰하면서도 브랜드가 없는 것을 찾는 아이러니에 직면하게 되었다.

브랜드가 없는 것을 오히려 브랜드로 삼는 곳도 있고, 브랜드 이름 다 떼고 어느 정도의 퀄리티가 보장되는 제품을 모아서 싸게 파는 편집 매장도 있다. PB 상품의 경우 오히려 유통 쪽에서 좋은 제품을 골라서 브랜드 없는 브랜드로 고객에게 제공한다.

그런데 본질을 가만히 들여다보면 오히려 브랜드는 허상일 경우가 많고 마케터가 집중해야 하는 것은 브랜드의 이름이 아니라 오히려 브랜딩이라는 것을 알게 된다.

브랜드가 이름이고 고유명사라면, 브랜딩은 여기에 전달력의 부여라는 행위가 들어간 것이다. 한마디로 하나의 브랜드(혹은 브랜드를 미처 갖지 못한 무언가라도)가 누군가의 마음으로 전달되어 자리 잡은 일련의 과정을 말하는데, 이 과정을 '브랜드 빌딩'이라고 칭하기도 한다.

브랜딩, 브랜드 빌딩에는 필수적으로 상호 교감하는 과정이 있어야 한다. 이 과정이 마케팅이다. 그렇기 때문에 당연히 마케팅에는 경험의 요소가 들어간다. 경험을 통해 내가 전달 받은 요소가 익숙해질수록 고객은 브랜드에 대한 충성도가 쌓인다.

그것을 위해 시식을 하고 그걸 위해 아이쇼핑 하는 사람을 끌어다가 메이크업도 해주고 향수도 뿌려주는 것이다. 쿠폰을 발행하거나 적립금 제도를 써서 한 번 경험한 사람이 또 경험할 기회를 주고 한 번 올 거 두 번 오게 만드는 것이다. 주기적으로 연락해서 잊지 말아달라고 손짓하고 간만에 찾은 사이트에서는 다시 돌아와 주어 고맙다고 웰컴백 혜택을 준다. 어떻게든 한 번 경험한 사람이 반복적으로 재경험을 하며 머물러주기를, 그래서 브랜드에 대한 인식이 생기고 충성도가 생기고 사랑이 싹트기를 기대하는 것이다.

경험은 기억과 이해를 순식간에 뛰어넘어 감동의 지점까지 사람을 빠르게 옮겨준다. 행동으로 바로 연결될 수 있는 기회를 주는 것이다. 때문에 브랜딩을 위한 마케팅은 고객이 다양한 방법으로 우리의 브랜드를 경험할 수 있는 기회를 마련해주어야 한다.

'쇼핑몰이 왜 저런 곳에 후원을 하지?'라고 생각하며 의문을 갖는 순간도 사실은 경험이다. 궁금해 하면 일단은 성공이다. 가장 슬픈 건 궁금해하는 것조차 하지 않을 때다. 무관심이 가장 무섭다. 오죽하면 무관심보다는 차라리 악플이 낫다고 자조 섞인 말을 했던 연예인도 있었다. 누군가를 죽음으로 몰고갈 정도로 무서운 악플인데 자신을 전달할 방법이 없는 사람에게는 그거라도 접점 삼아 전달의 기회를 놓치고 싶지 않은 것이다.

모든 순간의 경험을 통해 어떻게든 브랜드를 알릴 방법을 찾기 때문에 의외의 곳에서 낯선 모습으로 고객에게 찾아갈 방도를 계속 고민하고 또 고민하는 것이다. 그리고 이 모든 브랜딩의 과정은 정답이 없어서 더 어렵다. 반면 다르게 생각하면 정답이 없기 때문에 오히려 어렵지 않게 좋은 전달을 할 수 있기도 하다.

'가장 심플한 것이 가장 좋은 것일 수 있다'는 말은 전달에서도 유효하다. 이 말은 그 어떤 화려한 전달이더라도 핵심 요소가 없으면 공허하다는 말과도 닿아 있다. 브랜드가 없음을 브랜드로 내세울 수 있는 건 보이지는 않지만 느껴지는 핵심이 단단하게 전해지기 때문이다. 가치를 잘 전달할 수 있으려면 이 핵심이 우선 우직하게 정리되어 있어야 한다. 화려한 마케팅 이전에 묵직한 브랜딩이 있어야 중심 잡힌 전달을 할 수 있음을 잊지 말자.

전달에 대한 불변의 법칙 5

우리는 매 순간 전달을 하고 산다.

나 역시 이 글을 쓰면서 마케터인 내가 나라는 콘텐츠를 잘 전달하고 있기를 계속 바라고 있다. 일에서도 마찬가지이고, 개인적으로 사람들을 만나는 자리에서도 우리는 늘 전달이 잘 되기를 본능적으로 원하고 바라고 의도한다.

조금 다른 이야기이기는 하지만 의외로 가장 많은 요소가 전달되는 자리 중 하나가 술자리이다. 당연히 만취되기 전 적당히 취기가 올라 긴장이 풀리고 생각과 마음이 열리는 딱 그 지점 즈음에 달한 사람들을 보면 다들 전달의 신이라도 몸에 들어온 것처럼 일단 목청 올리고 열띠게 무언가를 계속 말한다.

이것이 주제가 서로 다르고 소통이 안 되어서 그렇지 가만히 한 사람 한 사람이 하는 이야기를 들어보면 의외로 그렇게 주옥같을 수가 없다. 평소 외부적인 상황 때문에 억눌러왔던 진심이 녹아들어 세련됨은 사라지고 체계도 무너졌지만 진정성 하나만은 정말 최강 전달력을 갖춘 말들이 쉴 새 없이 쏟아진다. 대체 저걸 어떻게 다 참고 살았을까 궁금할 정도이다.

어쩌면 내가 술자리에서 다양한 사람들을 만나는 것을 즐기는 건 이래서가 아닐까 싶다. 정말 술이 좋아서 술자리를 갖는 사람도 있지만, 내 경우는 그것보다는 그 자리에서 탁구공 튀듯 통통거리며 전달되는 오만가지 스토리가 너무 재미있다.

20대는 20대의 이야기를, 30대는 30대의 이야기를 한다. 만약 회사 사람이 아닌 다른 분야의 사람을 만나면 이렇게 생생한 인생 학교 이야기가 또 있을까 싶을 정도로 다양한 이야기가 쏟아진다.

고백하건대 내가 인사이트를 얻고 아이디어를 얻는 자리 중 꽤 높은 비중을 차지하는 곳이 바로 술자리이다. 중요한 정보가 오가서가 아니다. 정보는 오히려 명정한 정신으로 냉정하게 찾았을 때 더 정확하게 얻어낼 수 있다. 이곳에서 얻는 것은 공감의 포인트, 사람들이 움직이는 마음의 지점과 결에 대한 것이다. 전달이 잘 되려면 다섯 가지 요건은 꼭 챙겨야 한다.

주제가 있을 것

진정성이 있을 것

공감 지점을 가져갈 것

빠르고 정확할 것

담아내는 그릇이 적절할 것

재밌게도 술자리에서 오가는 이야기는 이 중 네 개는 충족시킨다. 모두 다른 말을 하지만 일단 각자에게는 주제가 있다. 취중진담이라는 말이 괜히 나온 것이 아니다 싶을 정도로 진정성도 넘친다. 게다가 공감은 또 얼마나 잘 되는지 '맞지! 맞지!'라며 다 큰 어른들이 울고 웃고 해가면서 공감대를 이룬다. 자기 자신에 대한 확신이 있으니 전달도 빠르고 정확하다. 물론 이 정확이라는 것이 어투가 정확하다든가 논리에 대한 것은 아니다. 여기서의 정확은 '적어도 내 의도에 부합하게'라는 의미이다.

그래서 난 술자리가 재미있다. 나도 정신없이 취해서 내가 하고 싶은 말을 막 쏟아내면 그 자리는 의미가 없 겠지만 때로는 철저한 청자 입장에서 그 자리에 있는 모 두가 하는 이야기를 전달받으려 해본다. 마치 몇 개의 다 른 프로그램을 동시에 틀어 놓고 스펀지처럼 받아들이는 기분이 들면서 내가 가지고 있던 아이디어, 경험과 어우 러져 완전 새로운 생각이 떠오르기도 하는 그 순간이 정 말 짜릿하다.

물론 모두에게 술자리를 가지라고 권하는 것은 절대 아니다. 사람마다 맞는 자리는 다르기 때문에 내게는 그 기회가 술자리지만 누군가에게는 특정 모임이 될 수도 있고, 누군가에게는 온라인 채널 중 하나가 될 수도 있다.

다만 여기서 하고 싶은 이야기는 전달을 위해 꼭 필요 한 다섯 개의 요소가 전쟁터의 총알 소나기처럼 정신없 이 왔다갔다 하는 그런 상황에 종종 들어갈 기회를 만들

234
마케터는 단순하게 말한다

어보라는 것이었다. 그게 모임이건 술자리건 중요한 건 내가 그 안의 청자가 되어 사람들의 이야기를 가감 없이 전달 받는 사람이 되어보는 것이다.

대부분의 사람들은 내가 전달을 하고 싶어 하지 전달 받는 것을 연습하지는 않는다.

나도 지금까지 '잘 전달하려면'이라는 전제로 쭉 이야기해왔다. 그런데 전달을 잘 받아보지 못한 사람은 전달하는 능력이 늘지 않는다.

역지사지가 안 되는데 지피지기가 가능할 리 없고 지피지기를 못 하는데 역지사지가 될 리 없다. 나를 알고 남을 아는 건 나와 남의 입장을 반대로 놓는 것과 항상 같이 이뤄진다는 것을 잊지 말고 잘 전달하기 위해 잘 전달 받는 나를 만드는 데도 힘을 써야 한다.

전달이라는 것이 일방적인 것이 아니라 상호적인 것이라서 그렇다. 부디 이 진심들이 다 잘 전해지길 바란다.

에필로그

초등학교 시절, 다양한 책을 읽으면서 한 번쯤은 나도 책을 써보고 싶다는 생각을 했었다. 이후 대학생이 되어 경영학과 신문방송학을 공부하면서 광고와 마케팅이라는 직무에 종사하면서도 종종 책에 대한 생각을 했었다. 단순히 저자가 되고 싶었던 것이 아니라 내가 하고 있는 모든 일을 연결해보니 결국 전달이라는 큰 키워드가 잡혔고, 이를 응축해서 전달할 수 있는 가장 좋은 방법이 책이 아닐까 하는 생각이 자꾸 떠나지 않아서였다.

마케팅은 결국 전달이고 소통이다. 다양한 방법론, 더 다양한 프로젝트를 통해 이 일을 하다 보니 고객과의 소통이 얼마나 중요한지 다시 한 번 알 수 있었고, 어떻게 고객에게 전달하면 가장 쉽고 빠르게 이해할 수 있을까를 매시간 고민하게 되었다.

커뮤니케이션은 철저한 쌍방향이다.

일방향인 소통은 비효율적인데다 화자와 청자를 모두 힘들게 만든다. 즉, 쌍방향 커뮤니케이션을 하기 위해 화자가 잘 전달할 수 있게 만드는 것은 어렵기는 하지만, 이를 감안하여 잘 전달한다면 화자와 청자 모두가 빠른 시간 투자를 통해 서로의 감정을 소모하지 않고 관계를 만들어갈 수 있을 것이다. 다른 곳도 그렇겠지만 회사는 특히 전달이 중요하다.

나 역시도 늘 이 부분에 대한 고민이 깊었다. 신입 사원이었을 때는 내가 해야 할 일을 지시 받고 얼마나 기획 의도와 맞게 보고서를 작성하거나, 고객에게 전달하는 것이 맞을지에 대해 항상 고민했다.

그리고 이 고민 끝에 나온 나만의 노하우들은 내 시간을 절약하게 했을 뿐만 아니라 일에 대한 성과도 높여주는 시발점이 되었다. 이후에도 전달에 대한 부분은 점점 더 중요해졌으면 중요해졌지 결코 그 무게가 가벼워진

적이 없다. 특히 직급이 올라갈수록 내가 커뮤니케이션한 내용이 잘 전달되지 않으면, 내가 받을 보고서나 고객 커뮤니케이션 내용이 다른 방향으로 흘러가는 경우를 주의해야 했다. 결국 전달이 일 잘하는 사람을 만드는 요소가 된 것이다.

특히 마케팅 쪽 업무에서는 전달의 중요성을 말하면 입 아플 지경이다. 소비자가 어떻게 행동하고 어떤 제품을 구매하게 만드는 주요한 포인트를 잡기 위해 소비자 입장에서 이해하는 과정도 필요하고 전달할 방법도 다양하게 고민해야 한다. 단순히 잘 파는 것이 목표가 아닌 회사의 지속 경영을 하기 위한 중요한 요소가 되기 때문에 단순 판매를 넘어선 가치의 전달이 무엇보다 중요하게 되었다.

매체가 다양해지고 세대별 소통 역시 매 순간 빠르게 달라지는 시대에 있어 전달이라는 힘은 살아남기 위한 스킬일 수도 있다. 그래서 나는 전달력이 우리가 사회 관계망 속에서 생활할 수 있게 만들어 주는 가장 기본적인 요소 중 하나라고 생각한다.

앞으로도 지속적으로 고민하고 쉽게 전달할 수 있는 방법을 찾는다면 일뿐만 아니라 인간관계의 조화를 이룰 수 있는 기회가 될 것이다.

마지막으로 이 책을 출간할 수 있게 도와주신 분은 특정 한 분이 아닌 나와 함께 생활해 왔던 모든 분들 덕분이라고 생각한다. 이에 저를 아는 모든 분에게 고마움을 '전하고' 싶다.

눈이 내려 하얀 세상이 되어버린
대한민국의 하늘 아래서
최동휘

마케터는 단순하게 말한다

초판 1쇄 인쇄 2021년 3월 25일
초판 1쇄 발행 2021년 3월 30일

지은이 최동휘
펴낸이 장선희

펴낸곳 서사원
출판등록 제2018-000296호
주소 서울시 마포구 월드컵북로400 문화콘텐츠센터 5층 22호
전화 02-898-8778
팩스 02-6008-1673
전자우편 seosawon@naver.com

블로그 blog.naver.com/seosawon
페이스북 www.facebook.com/seosawon
인스타그램 www.instagram.com/seosawon

총괄 이영철
편집 이소정, 정시아
마케팅 권태환, 강주영, 이정태
디자인 최아영
일러스트 허난

ⓒ최동휘, 2021

ISBN 979-11-90179-69-0 03320